汽车保险与理赔实务

主　编　张　凤

副主编　方　维　乔明星

参　编　肖　军　何子淑　李　申

　　　　曾　祯　鲁显睿

武汉理工大学出版社

武汉

图书在版编目(CIP)数据

汽车保险与理赔实务 / 张凤主编 . -- 武汉：武汉理工大学出版社，2024. 9 -- ISBN 978-7-5629-7147-4

Ⅰ. F842. 63

中国国家版本馆 CIP 数据核字第 2024BL3578 号

项目负责人：楼燕芳　　责任编辑：楼燕芳
责 任 校 对：向玉露　　版式设计：佳文图文
出 版 发 行：武汉理工大学出版社
网　　址：http：//www. wutp. com. cn
地　　址：武汉市洪山区珞狮路 122 号
邮　　编：430070
印　　刷：武汉市洪林印务有限公司
经　　销：各地新华书店
开　　本：787mm×1092mm　1/16
印　　张：11. 25
字　　数：281 千字
版　　次：2024 年 9 月第 1 版
印　　次：2024 年 9 月第 1 次印刷
定　　价：49. 00 元

凡使用本教材的教师，可通过 E-mail 索取教学参考资料。
E-mail：10124159@qq. com
本社购书热线电话：027-87391631　87664138　87523148
凡购本书，如有缺页、倒页、脱页等印装质量问题，请向出版社发行部调换。

前　言

目前，我国的机动车保有量已经超过 3 亿辆，车辆使用过程中发生风险的概率逐步增加。保险是与机动车联系最密切的售后服务产品之一。根据我国法律的规定，凡是上路行驶的机动车都必须购买机动车交通事故责任强制保险(简称交强险)。除了交强险，还有商业保险为机动车提供更大的保障。2020 年 9 月，我国车险完成了大力度的市场化综合改革。为适应发展、服务创新，我们融合文商专业与工科专业的优势，编写了《汽车保险与理赔实务》一书。

本书的内容涵盖保险基础、汽车保险产品与营销、车险查勘与理赔三个方面，理论性和实践性较强。编写过程中立足保险学、法学优势，充分挖掘教学内容中的思政元素，将课程思政贯穿教育教学全过程，体现专业课程育人功能。本书以项目、任务的方式编排内容，完全符合当前职业教育以工作过程为导向的项目式教学要求。

本书由张凤主编，方维、乔明星任副主编，参编人员有肖军、何子淑、李申、曾祯、鲁显睿。

在本书的编写过程中，除了所列参考文献外，还参考了其他许多文章，以及个别保险公司的培训内容，在此对原作者表示由衷的感谢。

由于编者水平有限，书中错误之处在所难免，欢迎读者提出宝贵意见。

编者

前　言

编者

目 录

项目 1　汽车保险基础

任务 1　保险基础知识

任务分析

小周在工作后为自己买了一辆代步车用于上下班。作为新手，他很担心在使用车辆的过程中给自己和他人带来损失，也不是很清楚在使用车辆的过程中会面临哪些风险，以及如何对这些风险进行有效管理，防止损失。

小周的困惑是每一个新手车主都可能产生的。作为汽车保险销售人员，要想为客户解决问题，需要完成下列任务：

(1)为车主分析车辆使用过程中可能面临的风险。

(2)结合车主的实际情况为其推荐风险管理方法和方案。

(3)为车主介绍汽车保险的含义和基础知识。

任务目标

(1)专业能力目标。①掌握风险的定义、特点和分类；②掌握保险的定义及与汽车保险有关的名词。

(2)方法能力目标。掌握风险管理技术。

(3)社会能力目标。对保险有基本的认知。

任务知识链接

近年来，我国的机动车尤其是汽车的保有量逐年增加。随着道路运输的发展和机动车数量的增加，机动车辆保险成为保险公司的第一大险种。要从事机动车辆保险营销、理赔等岗位的业务工作，必须了解与保险相关的基础知识。

子任务 1　认识风险

保险是社会经济发展到一定阶段的产物，保险业已经成为许多国家国民经济的重要组成部分。“天有不测风云”，保险是人类社会处理风险的一种手段，要学习保险，首先要了解风险。

一、风险的定义

从经济学、统计学、保险学等不同的角度，风险有着不同的定义。风险在保险学上是指某种损失发生的不确定性，包括以下三层含义：

1. 损失

在风险管理中，损失是指非故意的、非预期的、非计划的经济价值的减少或消失，即经济损失。其能够以货币的形式来计量。

2. 不确定性

不确定性是指人们在客观情况下对风险的主观估计，是人们的一种心理活动，以及对某种事件的心理预期。

3. 可测定性

保险研究的风险是可测定的不确定性，指在一定期间，在许多相似的不确定情形中，某一事件的发生具有相当的规则性，可以相当准确地加以预测。

二、风险的要素

风险的构成要素包括风险因素、风险事件和损失。

1. 风险因素

风险因素是指促使某一特定损失发生或增加其发生的可能性或扩大其损失程度的原因。它是风险事故发生的潜在原因，是造成损失的内在或间接原因。风险因素根据性质可分为物质(自然)风险因素、道德风险因素和心理风险因素。

(1)物质(自然)风险因素。物质(自然)风险因素是指有形的、影响事物物理功能的直接因素，如恶劣天气、汽车超速行驶等。

(2)道德风险因素。道德风险因素是与人的品德修养有关的无形的因素，即由于个人不诚实、不正直或有不轨企图，故意促使风险事故发生，以致引起社会财富损毁和人身伤亡的原因或条件，如盗窃、抢劫、诈骗等。

(3)心理风险因素。心理风险因素是与人的心理状态有关的无形的因素，即由于人们不注意、不关心，或存在侥幸或依赖心理，以致增加风险事件发生的机会和加大损失的严重性的因素，如粗心大意、乱丢烟蒂、酒后驾车、驾驶有故障车辆等。

2. 风险事件

风险事件是指造成生命或财产损失的偶发事件，系造成损失的直接或外在原因，为损失的媒介物，如火灾、车祸、疾病等。

风险只有通过风险事件的发生才能导致损失。风险事件意味着风险的可能性转化成了现实性。风险事件发生的根源主要有三种，即自然现象、社会经济的变动、人或物本身。导致损失的直接原因是风险事件，导致损失的间接原因是风险因素。如汽车制动系统失灵造成车祸导致人员伤亡，其中制动系统失灵是风险因素，车祸是风险事件，人员伤亡是损失。

3. 损失

在保险实务中，通常将损失分为两种形态，即直接损失和间接损失。直接损失是由风险事故导致的财产本身的损失和人身的伤害；间接损失则是由直接损失引起的额外费用损失、收入损失、责任损失等。多数情况下，间接损失的金额很大，有时甚至超过直接损失。

风险是由风险因素、风险事件及损失构成的统一体。风险因素会引起风险事件发生或增加风险事件发生的概率，风险事件的发生可能导致损失的产生，但三者之间并不一定具有必然性。它们之间存在着一种因果关系，如图 1-1 所示。

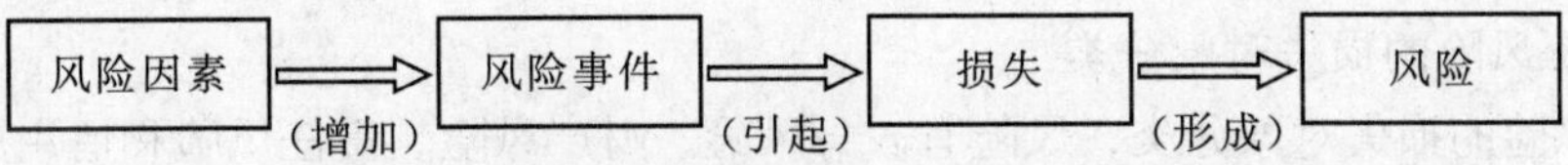

图 1-1　风险因素、风险事件、损失之间的关系

三、风险的特征

1. 风险的客观性

自然灾害、瘟疫、意外事故等，它们都是独立于人的意识之外的客观存在，不因人的意志而转移。人们只能在一定的时间和空间内改变风险存在和发生的条件，降低风险发生的频率和损失幅度，但是，从总体上说，风险是不可能彻底消除的。正是风险的客观存在决定了保险的必要性。

2. 风险的普遍性

人类面临着各种各样的风险，如自然灾害、战争、意外伤害等。随着科学技术的发展、生产力的提高、社会的进步等，又产生了很多新的风险，且风险事件造成的损失越来越大。当今社会，个体面临生、老、病、死等风险；企业面临自然风险、技术风险、经济风险、政治风险等；国家面临自然灾害、瘟疫、战争等各种风险。风险渗入社会、企业、个人生活的方方面面，风险无处不在，无时不有。正是由于这些普遍存在的对人类社会生产和人们的生活构成威胁的风险，才有了保险存在的必要和发展的可能。

3. 风险的不确定性

风险及其所造成的损失在总体上具有必然性，是可知的；但对个体而言却是偶然的，不可知的，是一种随机现象，具有不确定性。导致任一风险事件发生的风险因素本身具有偶然性，风险因素的作用方向、强度、时间以及各种风险因素作用的先后顺序都会影响风险的发生与否。个别风险事件的发生是偶然的，而对大量风险事件进行观察后发现，风险事件往往呈现出明显的规律性。运用统计学方法处理大量相互独立的偶发风险事件，其结果呈现出风险事件的规律性。

正是风险的这种总体必然性与个体偶然性的统一，构成了风险的不确定性，形成了保险的风险，从而产生了经济单位与个人对保险的需求。

4. 风险的可变性

风险在一定条件下可以转化，具体表现为：

(1)风险的消除。某些风险可以在一定的时间和空间范围内被消除。

(2)风险量的变化。随着人们对风险认识的增强和风险管理方法的完善，某些风险在一定程度上得以控制，降低了其发生频率和损失幅度。

(3)风险的旧灭新生。某些风险由于一些原因消除后，在新的环境和条件下又会产生新的风险。

四、风险的类型

1. 按照风险的损失对象分类

按照风险的损失对象分类，风险有人身风险、财产风险、责任风险和信用风险之分。

(1)人身风险是指因生、老、病、死、残等原因导致经济损失的风险。如因为衰老而丧失劳动能力或者因为疾病、伤残、死亡、失业等导致个人、家庭经济收入减少，造成经济困难等风险。人身风险所致的损失一般有两种：一种是收入能力损失，另一种是额外费用损失。

(2)财产风险是指导致一切有形财产及其有关利益发生损毁、灭失或贬值的风险。如船舶航行可能遭受沉没、碰撞、搁浅等损失的风险。财产损失通常包括财产的直接损失和间接损失两个方面。

(3)责任风险是指因个人或团体的疏忽或过失行为，造成他人财产损失或人身伤亡，依照法律、契约或道义应负法律责任或契约责任的风险。如汽车撞伤行人，如果属于驾驶人的过失，按照法律责任的规定须对受害人或者家属给付赔偿金。

(4)信用风险是指在经济交往中，权利人与义务人之间由于一方违约或违法致使对方遭受经济损失的风险。

2. 按照风险的性质分类

按照风险的性质分类，风险可分为纯粹风险和投机风险。

(1)纯粹风险是指只有损失机会而无获利可能的风险。在现实生活中，纯粹风险是普遍存在的。如一个人购买汽车后，面临汽车遭受损失和给他人人身造成伤害、财产带来损害的可能性，结果只能是发生或不发生，只要发生，就是损失。

(2)投机风险是相对于纯粹风险而言的，它是指既有损失机会又有获利可能的风险。如购买股票可能获利，也可能赔钱。

一般情况下，纯粹风险具有可保性，而投机风险不可保。

3. 按照损失的范围分类

按照损失的范围分类，风险有基本风险和特定风险之分。

(1)基本风险是指非个人行为引起损失或损害的风险。基本风险的起因及影响都不与特定的人有关，这种风险实际上是一种团体风险，是个人不能预防的风险。如与社会或政治有关的风险、与自然灾害有关的风险都属于基本风险。

(2)特定风险是指风险的产生及造成的后果只与特定的人或部门相关的风险。如盗窃、职业病等都属于特定风险。

4. 按照风险产生的原因分类

按照风险产生的原因分类，风险有自然风险、社会风险、政治风险、经济风险、技术风险和法律风险之分。

(1)自然风险是指因自然力的不规则变化引起的种种现象所导致的对人们的经济生活和物质生产及生命安全等所产生威胁的风险，如洪水、地震、火灾、泥石流等所致的个人伤亡或财产损失的风险。

(2)社会风险是指由于个人或团体的行为(包括过失行为、不当行为及故意行为)或不作为使社会生产及人们生活遭受损失的风险。

(3)政治风险又称为国家风险，是指由于政治原因，如政局的变化、政权的更替、政府法令和决定的颁布实施，以及种族和宗教冲突、叛乱、战争等引起动荡而造成损害的风险。

(4)经济风险是指在生产和销售等经营活动中由于受各种市场供求关系、经济贸易条件等因素变化的影响或经营者决策失误，对前景预期出现偏差等，导致经营失败的风险，如市场预期失误、经营管理不善、消费需求变化、通货膨胀、汇率变动等所致经济损失的风险。

(5)技术风险是指伴随着科学技术的发展、生产方式的改变而威胁人们的生产与生活的风险，如罢工、暴动等。

(6)法律风险是指由于颁布新的法律或对原有法律进行修改等原因而导致经济损失的风险。

5. 按照风险的可处理性分类

按照风险的可处理性分类，风险有可管理风险和不可管理风险之分。

(1)可管理风险是可以预测及可以在一定程度上进行控制的风险。

(2)不可管理风险是目前不可预测，并且不可控制的风险。

子任务2 风险管理

一、风险管理概述

1. 风险管理的含义

风险管理是研究风险发生规律和风险控制技术的一门新兴管理科学。它是一个组织或个人用以降低风险的负面影响的决策过程。具体而言，风险管理就是组织或个人通过风险识别、风险估测、风险评价，并在此基础上优化组合各种风险管理技术，对风险实施有效的控制和妥善处理风险所致损失的后果，期望以最小的成本获得最大安全保障的管理活动。

2. 风险管理的目标

风险管理的目标由两部分组成：损失发生前的风险管理目标和损失发生后的风险管理目标。前者是避免和减少风险事故形成的机会，后者是努力使损失的标的恢复到损失前的状态。二者有效结合，构成了完整而系统的风险管理目标。

(1)损失发生前的风险管理目标

①降低损失成本。风险事件的形成势必增加企业的经营成本，影响企业预期利润的实现。因此，企业应该结合本身运作的特点，充分考虑到企业经营过程中所面临的各项风险因素，并且对这些风险因素可能形成的风险事件进行研判，从而使风险事件对企业可能造成的损失降至最低。

②减轻和消除精神压力。风险因素的存在给人们的正常生活造成了各种心理和精神压力。制定切实可行的损失发生前的风险管理目标，可以减轻和消除这种压力，有利于社会和家庭的稳定。

(2)损失发生后的风险管理目标

①维持企业的生存。在损失发生后，企业需要一段时间才能逐渐恢复生产和经营状态。只有在损失发生后继续维持受灾企业的生存，才能使企业有机会减少风险损失所造成的影响，尽早恢复损失发生前的生产经营状态。

②生产能力的保持与预期利润的实现。生产能力的保持与预期利润的实现是损失发生后企业风险管理工作的最高目标。如何使风险事件对企业所造成的损失最小，并保证企业的生产能力与预期利润不因为损失的发生而受到严重的影响，是企业风险管理工作必须考虑的目标。为了保证这个目标的实现，企业在制定损失发生后的风险管理目标时，必须根据企业的资本结构和资产分布状况确定消除风险事件影响的最佳经济和技术方案。

③保持企业的服务能力。保持企业的服务能力是损失发生后企业风险管理工作的社会义务目标。企业的社会责任之一是保证其对社会和消费者所做出的服务承诺的正常履行，这种责任的履行不仅是为了维持企业的社会形象，而且是为了保证企业发挥维持社会正常运转的链条作用，对于企业来说，这个目标具有强制性和义务性。

④履行社会责任。尽可能减轻对其他人和整个社会的不利影响，包括员工、顾客、供货人、债权人、税务部门以至整个社会。这是损失发生后企业风险管理工作的社会责任目标。企业在制定自身的风险管理目标时，不仅要考虑自身的需要，而且要考虑所负担的社会责任。

3. 风险管理的作用

风险管理具有如下作用：

(1)增强风险面临者的安全保障程度。

(2)降低损失。

(3)保障经济组织稳定运营和社会稳定。

二、风险管理的过程

1. 风险识别

风险识别是风险管理的第一步，是指对企业、家庭或个人面临的和潜在的风险加以判断、归类和对风险性质进行鉴定的过程，即对尚未发生的、潜在的和客观存在的各种风险系统地、连续地进行识别和归类，并分析产生风险事故的原因。识别风险主要包括感知风险和分析风险两方面内容：一方面依靠感性认识，通过经验判断；另一方面利用财务分析法、流程分析法、实施调查法等进行分析和归类整理，从而发现各种风险的损害情况以及具有规律性的损害风险。

2. 风险估测

风险估测是在风险识别的基础上，通过对所收集的大量资料进行分析，利用概率论和数理统计方法，估计和预测风险发生的概率和损失程度。风险估测的内容主要包括损失频率和损失程度两个方面。

损失频率的高低取决于风险单位数目、损失形态和风险事件。损失程度是指某一特定风险发生的严重程度。风险估测不仅使风险管理建立在了科学的基础上，而且使风险分析得以定量化。损失分布的建立、损失概率和损失期望值的预测为风险管理者进行风险决策、选择最佳管理技术提供了可靠的科学依据。它要求企业管理者从风险发生的频率、发生后所致损失的程度和企业的经济状况分析企业的风险承受力，为选择正确的风险处理方法提供依据。

3. 风险评价

风险评价是指在风险识别和风险估测的基础上，对风险发生的概率、损失程度，结合其他因素进行全面考虑，评估发生风险的可能性及其危害程度，并与公认的安全指标相比较，以衡量风险的程度，并决定是否采取相应的措施。处理风险需要一定的费用，费用和风险损失之间的比例关系直接影响风险管理的效益。通过对风险性质的定性、定量分析和比较处理风险所支出的费用，确定风险是否需要处理和处理的程度，以判定为处理风险所支出的费用是否有效益。

4. 风险处理方法选择

根据风险评价结果，为实现风险管理目标，选择最佳风险管理技术并积极实施是风险管理中最重要的环节。风险处理的方法分为控制型和财务型两大类。前者的目的是降低损失频率和损失程度，重点在于改变引起风险事件和扩大损失的各种条件；后者是事先做好降低风险成本的财务安排。

(1)控制型风险处理方法。这是避免、消除或降低风险发生频率及控制风险损失扩大的一种风险管理方法。

①避免。是指考虑到风险事故存在和发生的可能性较大时，主动放弃或改变某项可能引起风险损失的方案。

②预防。是指在风险发生前为了消除或减少可能引发损失的各种因素而采取的风险处理方法，通过减少或消除风险因素而达到降低损失频率的目的。

③抑制。是指风险事件发生时或风险事件发生之后采取的各种防止损失扩大的措施。抑制常在损失幅度高且风险又无法回避和转嫁的情况下采用。

④控制型非保险转移。是指借助于合同，将风险损失的法律责任转移给非保险业的个

人或群体。

(2)财务型风险处理方法。这是通过提留风险准备金，事先做好降低风险成本的财务安排来降低风险成本的一种风险管理方法。

①自留。是指不借助其他力量，完全由自己承担一切风险成本的一种风险处理方法。采取自留的方法应考虑经济上的合算性和可行性。

②转移。是指风险面临者为了回避风险，避免承担全部风险的成本，有意识地将可能发生的风险损失通过一定的财务安排转移给其他单位和个人承担的一种风险处理方法。其有保险型风险转移和非保险型风险转移之分。

a. 保险型风险转移是指以缴纳保险费为前提，把自己可能遭受的风险损失转嫁给保险机构的风险处理方法。

b. 非保险型风险转移是指风险面临者利用经济合同把自己可能承担的风险成本转移给其他单位或个人承担的风险处理方法。

5. 风险管理效果评价

风险管理效果评价是指对风险处理方法及其实施结果进行分析和评价，与预期目标进行比较，并对该方法的科学性、适应性和收益性作出评价。风险管理是一个周而复始的过程，风险管理效益的大小取决于是否能以最小的风险成本获得最大的安全保障，同时还要考虑与整体管理目标是否一致以及具体实施的可能性、可操作性和有效性。

风险处理对策是否最佳，可通过评估风险管理的效益比值来判断。其公式为：

$$效益比值=\frac{采取某项风险处理方法后减少的风险损失}{风险成本}$$

三、风险管理与保险

保险是风险管理的有效措施，是对特定风险的管理。风险管理与保险关系密切。

1. 风险管理与保险的研究对象一致

二者的研究对象都是风险，保险的研究对象是风险中的可保风险。风险是保险产生和存在的前提，无风险则无保险。风险的发生直接影响社会生产过程的继续进行和家庭的正常生活，因而产生了人们对补偿损失的需要。

2. 保险在风险管理中占有重要地位

风险是保险产生和存在的前提，风险的存在是保险关系确立的基础。保险是处理风险的传统、有效措施。通过保险，把不能自行承担的集中风险转嫁给保险人，以小额固定支出换取对巨额风险的经济保障，这是处理风险的有效措施。

3. 风险管理理论的发展促进了保险理论和实践的发展

保险经营效益受风险管理技术的制约。保险技术、保险公司的实力、再保险规模都是不断变化发展的，保险的市场环境也是不断变化发展。在一定的条件下，可保风险与不可保风险是可以转化的。

子任务3 认识保险

一、保险概述

(一)保险的概念

《中华人民共和国保险法》(简称《保险法》)第二条规定："本法所称保险，是指投保人根据合同约定，向保险人支付保险费，保险人对于合同约定的可能发生的事故因其发生所造成的财产损失承担赔偿保险金责任，或者当被保险人死亡、伤残、疾病或者达到合同约定的年龄、期限等条件时承担给付保险金责任的商业保险行为。"

保险包含四个方面的含义：

(1)保险是以保障经济安定为目的的补偿机制，以经济损失为前提条件。

(2)保险以多数经济单位或个人的互助共济关系为必要条件。

(3)保险的分摊金即保险费是根据一定的数理技术合理计算出来的。

(4)保险是一种合同行为。

(二)保险的要素

保险的要素亦称保险的要件，指保险得以成立的基本条件。

1. 可保风险

可保风险是保险人可以承保的风险。保险是人们处理风险的一种方式，它能为人们在遭受损失时提供经济补偿，但并不是所有损毁物质财富或者威胁人身安全的风险，保险人都承保。可保风险有以下特征：

(1)风险损失发生的意外性及偶然性。风险的发生往往超出投保人的可控范围，并且与投保人的主观行为无关。

(2)损失的可预测性。损失发生的原因、时间、地点都可以被确定，损失的金额也是可以衡量的。

(3)风险损失程度较高。风险造成的潜在损失必须足够大。

(4)风险损失具有确定的概率分布，且发生的概率较小。风险损失是否具有确定的概率分布，关系到保险费能否正确计算。较小的风险发生概率能恰当地发挥保险转移风险的作用。

(5)存在大量具有同质风险的保险标的。根据大数法则，只有保险的数量足够大，风险才能被准确地预测，才能使风险发生的次数及损失有较小的范围，才能够归集足够的保险基金，才能够使遭受损失者获得充分的保障。

(6)风险不能导致灾难性事件。灾难性事件是指一组标的的所有或大部分标的同时因同一风险而遭受损失。

2. 多数人的同质风险的集合与分散

保险的过程既是风险的集合过程，又是风险的分散过程，保险的目的是集合众人力量弥补单个人抵御风险能力的不足。保险风险的集合与分散应具备两个前提条件：一是多数人的风险。如果是少数人或个别人的风险，就谈不上集合与分散，且风险损失发生的概率难以测定，大数法则不能有效发挥作用。二是同质风险。如果风险不同质，那么发生的概率就不相同，风险也就无法集合与分散。此外，不同质的风险损失发生的频率和幅度是有差异的，如果将不同质的风险进行集合与分散，会导致保险经营财务的不稳定，保险人不能提供保险供给。

3. 保险费率的厘定必须合理

保险在形式上是一种经济保障，实质上是一种商品交换行为。如果保险费率过高，会影响保险的社会需求，违背保险的原则；如果保险费率过低，导致保险行业出现亏损，保险供给便得不到保障。保险费率应依据概率论、大数法则的原理进行计算。

4. 保险基金的建立

保险分摊损失与补偿损失的功能是通过建立保险基金实现的。保险基金是用于补偿或给付因自然灾害、意外事故和人体自然规律所导致的经济损失和人身损害的专项货币基金。它主要来源于开业资金和保险费。保险基金具有分散性、广泛性、专项性与增值性等特点，是保险赔偿与给付的基础。

5. 签订保险合同

保险是一种经济关系，是保险人与被保险人义务与权利的确定方式。它专门针对意外事故和不确定事件造成的经济损失给予赔偿。风险是否发生、何时发生、损失程度均具有较大的随机性，保险的这一特性要求保险人与投保人在确定的法律或契约关系约束下履行各自的权利与义务。如果不在法律上或者合同中确定各自的权利与义务，保险经济关系就难以成立。因此，订立保险合同是保险得以成立的基本要素和法律保证。

（三）保险的特征

1. 经济性

保险是一种经济保障活动。这种经济保障活动是整个国民经济活动的一个组成部分。保险从本质上来讲是一种商品，体现商品等价交换关系。

2. 互助性

保险体现"我为人人，人人为我"的理念，在一定条件下分担了个别单位和个人所不能承担的风险，形成一种经济互助关系。互助性是保险的基本特征。

3. 法律性

保险是一种法律行为，其经济保障活动的进行必须以合同为依据。

4. 科学性

保险经营的科学性是保险存在和发展的基础。保险费的收取必须合理，其计算必须以科学合理的数理方法为依据，不能过高或过低。

(四)保险的分类

随着经济的发展，保险的种类越来越多，涉及的领域也在不断地扩大。可以从不同的角度将保险进行以下分类。

1. 按保险的性质分类

(1)社会保险。社会保险指国家通过立法手段对公民强制征收保险费，形成保险基金，以对其中因年老、疾病、生育、伤残、死亡而致丧失劳动能力或失去工作机会的成员提供基本生活保障的一种社会保障制度。社会保险实质上是国家为满足劳动者在暂时或永久丧失劳动能力和待业时的基本生活需要，通过立法采取强制手段对国民收入进行分配和再分配而形成的专项消费基金，用以在物质上给予社会性帮助的一种形式和社会福利制度。

(2)商业保险。商业保险又称金融保险，是相对于社会保险而言的，指投保人与保险人订立保险合同，根据保险合同的约定，投保人向保险人支付保险费，保险人对于合同约定的风险导致的被保险人的财产损失承担赔偿责任，或者当被保险人死亡、疾病、伤残或者达到约定的年龄期限时给付保险金的保险。商业保险一般是自愿保险。

(3)政策性保险。由国家财政直接投资成立的公司或国家委托独家代办的商业保险机构为了体现一定的国家政策，通常会以国家财政为后盾，开设一些不以营利为目的的保险。此为政策性保险。如为了促进农牧渔业发展而设置的种植业保险。

2. 按保险标的分类

(1)财产保险。财产保险是指以各种有形财产及其相关利益为保险标的的保险。保险人对各种保险财产及相关利益因遭受保险合同承保范围内的自然灾害、意外事故等风险所造成的损失承担赔偿责任。

(2)责任保险。责任保险的标的是被保险人依法应对第三者承担的民事损害赔偿责任。在责任保险中，凡根据法律或合同规定，由于被保险人的疏忽或过失造成他人的财产损失或人身伤害所应承担的经济赔偿责任，由保险人负责赔偿。

(3)信用保证保险。信用保证保险的标的是合同双方权利人和义务人约定的经济信用。信用保证保险是一种担保性质的保险。按照投保人的不同，信用保证保险又可分为信用保险和保证保险两种类型。

(4)人身保险。人身保险是以人的身体或生命为标的的一种保险。人身保险以伤残、疾病、死亡等人身风险为保险内容，被保险人在保险期间因保险事故的发生或生存到保险期满，保险人依照合同规定对被保险人给付保险金。由于人的价值无法用金钱进行衡量，具体的保险金额根据被保险人的生活需要和投保人所支付的保险金，由保险人和投保人协商确定。人身保险主要包括人寿保险、健康保险和人身意外伤害保险。

3. 按保险实施的形式分类

(1)自愿保险。自愿保险是保险人和投保人采取自愿的方式，通过签订保险合同来建立保险关系的一种保险。换句话说，是否投保和承保、参加什么保险、保险合同的具体内容等，完全由双方自愿自主决定，不受任何第三者干预。自愿保险是商业保险的基本形式。

(2)强制保险。强制保险又称法定保险，是以国家的有关法律法规为依据建立保险关系的一种保险。只有根据法律、行政法规的规定，才可以实行强制保险。法律、行政法规未作规定的，保险公司不得强制他人订立保险合同。如我国的机动车交通事故责任强制保险。

4. 按危险转移的方式分类

(1)原保险。原保险是指投保人与保险人之间直接订立合同，确定双方的权利、义务关系，投保人将危险转移给保险人。原保险简称保险。

(2)再保险。再保险是指保险人将所承保的保险业务中的一部分或全部向另外一个保险人再一次保险，也就是保险的保险，也称为分保。

(3)共同保险。共同保险是由多个保险人联合起来共同承担同一标的的同一危险，并且保险金额不超过保险标的的价值，发生保险责任时，赔偿依据各保险人承担的金额比例分摊。

(4)重复保险。重复保险是指投保人以同一标的的同一危险同时向两个或者两个以上的保险人进行投保。

(五)保险的基本术语

1. 保险标的

保险标的是保险保障的目标和实体，指保险合同所指向的对象。

2. 保险利益

保险利益又称可保利益，是指投保人对保险标的具有的法律认可的利益。

3. 保险人

保险人又称承保人，是经营保险业务、收取保险费和在保险事故发生后负责给付保险金的个人或单位。保险人以法人经营为主，通常称为保险公司。

4. 投保人

投保人是指对保险标的具有可保利益，向保险人申请订立保险合同，并负有交付保险费义务的个人或单位。投保人可以是自然人，也可以是法人。

5. 被保险人

被保险人是指保险事故在其财产或其身体上发生，受到损失时享有向保险人要求赔偿或给付保险金权利的人。被保险人是受保险合同保障的人。以被保险人的财产、生命或身体为保险标的的保险事故发生后，被保险人享有保险金请求权。

6. 保险责任

保险责任是指保险人承担的经济损失补偿或人身保险金给付的责任，即保险合同中约定的由保险人承担的危险范围。在保险事故发生时所负的赔偿责任包括损害赔偿、责任赔偿、保险金给付、施救费用、救助费用、诉讼费用等。

7. 责任免除

责任免除是指保险合同中列明的保险人不承担经济赔偿责任的风险损失。

8. 保险期限

保险期限也称“保险期间”，指保险合同的有效期限，即保险合同双方履行权利和义务的起讫时间。

9. 保险价值

保险价值是指保险标的在某一特定时期内以货币估计的价值总额，是确定保险金额和确定损失金额的计算基础。

10. 保险金额

保险金额简称“保额”，是保险利益的货币价值表现，为投保时给保险标的确定的金额，系保险合同项下保险公司承担赔偿或给付保险金的最高限额，即投保人对保险标的的实际投保金额。它还是保险公司收取保险费的计算基础。

11. 保险费

保险费是投保人为转嫁风险支付给保险人的与保险责任相应的价金。一般情况下，保险费按保险金额与保险费率的乘积来计收，也可按固定金额收取。

12. 保险代理人

保险代理人是指根据保险人的委托，在保险人授权的范围内代为办理保险业务，并依法向保险人收取代理手续费的单位或者个人。

13. 保险经纪人

保险经纪人是保险市场的重要组成部分，是代表投保人、被保险人利益的保险中介组织。

14. 保险公估人

保险公估人是站在第三者的立场上，依法为保险合同当事人办理保险标的的查勘、鉴定、估损及理赔清算业务并予以证明的人。

二、认识汽车保险

汽车保险是一种以汽车本身及其第三者责任为保险标的的财产保险。这里的汽车是指经交通管理部门检验合格、核发有效行驶证和号牌的机动车，包括汽车、电车、电瓶车、拖拉机、各种专业机械车、特种车。

汽车保险是保险人通过收取保险费的形式建立保险基金，并将它用于补偿因自然灾害或意外事故所造成的车辆的经济损失，或在人身事故发生时赔偿损失，负担赔偿责任的一种经济补偿制度。

任务实施

1. 分组

将班级进行分组，一个小组的人数以 6～8 人为宜，小组的划分要充分考虑学习实力的均衡、性别、性格等问题，形成一个团结协作的团队。小组内 2 人形成一个组合，1 人扮演车主，另 1 人扮演汽车保险销售人员。

2. 小组讨论与交流

分小组进行讨论与交流，共同分析车主小周在使用车辆过程中的具体风险情况，结合车主的实际情况为其推荐风险管理方案，让客户对汽车保险有初步的认识和了解。小组讨论与交流的内容见表 1-1。

表 1-1　小组讨论与交流的内容

序号	讨论的要点	讨论的具体内容
1	车辆使用过程面临的风险	
2	小周的具体需求	
3	推荐风险管理方案	

3. 小组模拟训练

各小组以 2 人为一个组合开展模拟训练，1 人扮演汽车保险销售人员，另 1 人扮演客户小周，然后再互换角色。汽车保险销售人员要充分了解客户的需求，为客户答疑，结合客户的实际情况推荐风险管理方案。小组成员共同讨论各组合的模拟表现情况，不断改进。

4. 小组汇报评比

各小组推荐最优秀的模拟者代表小组进行汇报。各小组先进行自评，找出自己的优势和不足；再进行小组间互评，找出不足；最后由教师进行点评。表 1-2 为考核标准。

表 1-2　考核标准

序号	考核内容	考核要点	分值	小组自评（30%）	小组互评（40%）	教师点评（30%）	得分
1	风险管理方案	能否充分了解客户需求	10				
		能否正确分析客户面临的风险	20				
		能否帮助客户寻找最优的风险管理方法	30				
2	汇报表现	语言表达是否清晰	10				
		逻辑是否合理，重点是否突出	20				
		仪容仪表是否得体	10				
合　计							

5. 个人小结

任务知识巩固

习题答案 1.1

一、名词解释

1. 汽车保险
2. 保险标的、保险利益
3. 投保人、保险人、被保险人
4. 保险责任、责任免除
5. 保险价值、保险金额、保险费

二、单选题

1. 按照风险性质的不同，风险可分为(　)。
   A. 静态风险和动态风险　　B. 基本风险和特定风险
   C. 责任风险和信用风险　　D. 纯粹风险和投机风险
2. 汽车制动系统失灵造成车祸导致车毁人伤，其中属于风险因素的是(　)。
   A. 制动失灵　　B. 车祸
   C. 车辆损毁　　D. 人员受伤
3. 风险管理的基本程序是(　)。
   A. 风险识别—风险估测—风险评价—风险处理方法选择—风险管理效果评价
   B. 风险识别—风险评价—风险估测—风险处理方法选择—风险管理效果评价
   C. 风险评价—风险识别—风险估测—风险处理方法选择—风险管理效果评价
   D. 风险评价—风险估测—风险识别—风险处理方法选择—风险管理效果评价
4. 风险管理的目标是(　)。
   A. 以最小的成本获得最小的安全保障　　B. 以最大的成本获得最大的安全保障
   C. 以最小的成本获得最大的安全保障　　D. 以最大的成本获得最小的安全保障

三、判断题

1. 风险“无时不在，无处不有”体现的是风险的普遍性特征。(　)
2. 纯粹风险是指只有损失机会而无获利可能的风险。(　)
3. 风险管理的第一步是风险评价。(　)
4. 风险因素是风险事件发生的潜在原因，是造成损失的内在或间接的原因。(　)
5. 为了回避风险、避免承担风险损失而购买保险的风险处理方法被称为转移。(　)

四、简答题

1. 风险有哪些特点？
2. 风险的构成要素有哪些？它们之间有什么关系？
3. 简述风险管理的过程。
4. 保险有哪些特征？
5. 按照保险标的的不同，保险可分为哪几类？按照实施形式的不同，保险又可分为哪几类？

任务 2　汽车保险原则

任务分析

小周在工作后为自己买了一辆代步车用于上下班。作为新手，他很担心在使用车辆的过程中给自己和他人带来损失，经过了解，决定购买汽车保险。作为汽车保险销售人员，要想为客户更好地服务，需要熟悉汽车保险运行的基本原则，完成下列任务：

(1)熟练掌握汽车保险运行的基本原则。

(2)结合实际案例介绍一种汽车保险运行的基本原则。

任务目标

(1)专业能力目标。①掌握汽车保险运行的基本原则；②掌握与汽车保险原则有关的名词。

(2)方法能力目标。掌握汽车保险原则的运用。

(3)社会能力目标。了解与汽车保险原则有关的典型案例。

任务知识链接

汽车保险原则是汽车保险业务运营过程中要遵循的基本原则，也是《保险法》的基本原则，是集中体现《保险法》本质和精神的基本准则，以及保险活动中必须遵守的准则。

子任务 1　保险利益原则

一、概述

保险利益是指投保人对保险标的(财产保险的保险标的为财产、物资、责任和信用，人身保险的保险标的为被保险人的身体或生命)具有的法律认可的经济利益，亦称可保利益。

例如：小周拥有一辆汽车，如车辆完好，他既可以自己使用该车，也可以通过出租、出售、跑网约车等来获取利益；如汽车损毁，他就无法正常使用，更不能带来经济收益。正是因为小周与自己拥有的汽车具有经济利害关系，他才会考虑汽车的安危，为其投保汽车保险，而保险人也正因为小周与这辆车具有经济利害关系，才允许小周投保。

我国《保险法》第十二条规定：“财产保险的被保险人在保险事故发生时，对保险标的应当具有保险利益。”第四十八条规定：“保险事故发生时，被保险人对保险标的不具有保险利益的，不得向保险人请求赔偿保险金。”

保险利益原则又称为可保利益原则，是指在签订和履行保险合同的过程中，投保人对保险标的具有保险利益。投保人对保险标的不具有保险利益的，保险合同无效。如果保险合同生效后，投保人或被保险人对保险标的失去保险利益，可能导致保险合同随之失效。作为保险运行中的一项重要原则，保险利益原则主要有两层含义：一是投保人在投保时，必须对保险标的具有保险利益，否则，保险就可能成为一种赌博，丧失其补偿经济损失的功能；二是投保人对保险标的是否具有保险利益，是判断保险合同是否有效的根本依据，缺乏保险利益要件的保险合同不具有法律效力。

二、遵循保险利益原则的主要目的

1. 避免变保险为赌博

保险与赌博都具有射幸性，两者最大的区别就是保险有保险利益的要求，没有保险利益的保险就是赌博。如果保险关系不是建立在投保人对保险标的具有保险利益的基础上，那么必将助长人们为追求获得远远高于其保险费支出的赔付数额而利用保险进行投机的行为。例如，投保人以与自己毫无利益关系的机动车为标的投保，一旦发生保险责任事故，就可能获得相当于保险费支出千百倍的巨额赔款，人们就会像下赌注一样买保险，这将会严重影响社会稳定。

2. 防止道德风险的发生

这里所指的道德风险，是指被保险人或受益人为获取保险赔偿而违反道德规范，甚至故意促使保险事故发生或在保险事故发生时放任损失扩大。保险费与保险赔偿金额悬殊，如果不以投保人对保险标的具有保险利益为保险合同的有效条件，将诱发投保人或被保险人为谋取保险赔偿而故意破坏保险标的的道德风险，引发犯罪动机与犯罪行为。根据保险利益原则，即使保险事故发生，也只是获得损失补偿，而不会额外获利。

3. 限制保险补偿的程度

为了使被保险人既能够得到足够的、充分的补偿，又不会由于保险而获得额外的利益，必须以投保人或被保险人在保险标的上所具有的经济利益作为保险保障的最高限额。保险利益原则可以为保险赔偿数额的界定提供科学合理的依据。

三、保险利益原则的适用范围

保险利益原则适用于财产保险和人身保险。

1. 财产保险利益

财产保险的保险标的是财产及其相关利益，其保险利益是投保人对保险标的具有法律上认可的利益，应当具备三个要素：

(1)必须是法律上认可的利益。保险利益必须是符合法律规定，符合社会公共秩序要求，为法律认可并受到法律保护的利益。对于以偷盗等非法手段获取的财产，无保险利益，即使签订了保险合同，保险合同也无效。

(2)必须是客观存在的利益。这主要是指投保人或被保险人的现有利益，如财产所有权、使用权等。期待利益如果可以确定并实现，也可以作为保险利益。期待利益是指当时尚未确定但将来可以确定的利益或利害关系，而不是主观臆断、凭空想象的利益，例如预期营业利润等。

(3)必须是经济上的利益。保险利益必须是可以通过货币形式计算或估价的利益。

在汽车保险合同中，对汽车享有保险利益的人一般包括汽车所有人、驾驶人、实际使用人和车辆的保管人等。

2. 人身保险利益

人身保险的保险标的是人的生命和身体，其保险利益是指投保人对被保险人的生命和身体所具有的经济利害关系。人身保险的保险利益具有以下特点：

(1)是法律认可并予以保护的人身关系。

(2)人身关系中要具有财产内容。

(3)构成保险利益的是经济利害关系。

我国《保险法》第三十一条规定："投保人对下列人员具有保险利益：(一)本人；(二)配偶、子女、父母；(三)前项以外与投保人有抚养、赡养或者扶养关系的家庭其他成员、近亲属；(四)与投保人有劳动关系的劳动者。除前款规定外，被保险人同意保险人为其订立合同的，视为投保人对被保险人具有保险利益。订立合同时，投保人对被保险人不具有保险利益的，合同无效。"

为了保证被保险人的人身安全，我国《保险法》还严格限定了人身保险利益。《保险法》第三十四条规定："以死亡为给付保险金条件的合同，未经被保险人同意并认可保险金额的，合同无效。"

人身保险的保险利益必须在保险合同订立时存在，而不要求在保险事故发生时具有保险利益。此外，人寿保险单可出售、转让和抵押。

四、保险利益的转移与消灭

1. 保险利益的转移

在人身保险中一般不存在保险利益转移的问题。在财产保险中，保险利益转移主要是由于财产保险标的的转移引起的。具体说来，保险标的转移有以下几种情况：

(1)让与。保险利益是否因保险标的的让与而转移，各国立法规定不一。德国、日本、法国、瑞士等国家承认保险利益随保险标的的让与而转移。奥地利等国家规定，如果保险标的是不动产，保险利益可以转移；如果保险标的是动产，保险利益不得转移。我国对保险标的让与后保险利益是否转移没有明确的法律规定。

(2)继承。国际上大多国家立法承认，财产保险中的被保险人死亡，其继承人可以自动获得保险利益。

(3)破产。被保险人破产，保险利益转移给破产债权人和管理人，但通常会规定一个有效期限。

2. 保险利益的消灭

在财产保险中，保险标的消灭，保险利益即消灭；在人身保险中，被保险人因人身保险合同除外责任规定的原因死亡，如自杀、刑事犯罪被处决等，均构成保险利益的消灭。

五、保险利益原则在汽车保险中的运用

汽车保险的经营过程中，在保险利益原则方面存在一个比较突出的问题：被保险人与车辆所有人不吻合。在车辆交易过程中，由于没有对保单项下的被保险人进行及时变更，导致其与行驶证上的车辆所有人不吻合，一旦车辆发生损失，原车辆所有人由于转让了车辆，不具备对车辆的可保利益，其保单失效；而车辆新的所有人由于不是保险合同中的被保险人，自然也就没有索赔权。

子任务2　最大诚信原则

一、最大诚信原则概述

(一)最大诚信原则的含义

《保险法》第五条规定："保险活动当事人行使权利、履行义务应当遵循诚实信用原则。"

保险合同双方在签订和履行合同的同时，必须以最大的诚意，履行自己应尽的义务，互不欺骗和隐瞒，恪守合同的认定与承诺，否则保险合同无效。

(二)最大诚信原则的内容

1. 履行如实告知义务

最大诚信原则要求投保人如实地履行告知义务。由于保险人面对广大的投保人，不可能一一去了解保险标的的各种情况，因此，投保人在投保时，应当将足以影响保险人决定是否承保，足以影响保险人确定保险费率或增加特别条款的重要事实，向保险人如实告知。

所谓的重要事实是指足以影响一个正常的、谨慎的保险人决定是否承保，或者据以确定保险费率，或者是否在保险合同中增加特别约定条款，包括投保人与被保险人的情况、有关保险标的的情况、风险因素及以往遭到其他保险人拒保的事实。

所谓告知是指双方当事人就保险标的的有关情况如实地向对方加以陈述或说明。

告知的方式分为无限告知和询问告知两种。采用无限告知的方式时，对告知的内容没有确定性的规定，只要事实上与保险标的有关的任何重要事项，不论保险人是否询问，投保人都有义务告知。我国《保险法》第十六条第一款规定："订立保险合同，保险人就保险标的或者被保险人的有关情况提出询问的，投保人应当如实告知。"保险人所询问的事项为重要事项，对询问以外的事项，投保人或者被保险人不必告知，此种方式即为询问告知。我国汽车保险实务中一般以投保单为限，即对于投保单中询问的内容，投保人必须如实填写，告知的内容通常包括车辆情况、使用情况、驾驶员情况等，除此之外，投保人不必告知。

投保人故意或因过失不履行告知义务，保险人有权解除保险合同。《保险法》第十六条第二款规定："投保人故意或者因重大过失未履行前款规定的如实告知义务，足以影响保险人决定是否同意承保或者提高保险费率的，保险人有权解除合同。"投保人违反告知义务由以下两个要件构成：一是投保人主观上存在故意或者过失；二是未告知的事项足以影响保险人决定是否同意承保或者调整费率。只有两个要件同时满足，才能判定投保人违反了告知义务。

投保人故意不履行如实告知义务的，保险人除了有权解除保险合同以外，同时对于保险合同解除前发生的保险事故，不承担赔偿或者给付保险金的责任，并不退还保险费。投保人因未履行如实告知义务，对保险事故发生有严重影响的，保险人对于合同解除前发生的保险事故，不承担赔偿或给付保险金的责任，但可以退还保险费。

违反告知义务的法律后果有：①宣告保险合同无效；②保险人享有保险合同解除权。

2. 履行说明义务

最大诚信原则要求保险人认真履行说明义务。保险人应当就保险合同的利害关系条款，特别是免责条款向投保人明确说明。保险人的说明义务是由保险合同的性质决定的。保险合同为附和合同，其内容由保险人单方拟订，投保人或被保险人几乎没有参与的机会，只能对保险条款表示接受或不接受，没有修改的权利，投保人在订立保险合同时处于弱势地位。同时，保险条款集专业性、技术性、科学性于一体，未经专门研习，难以理解。合同既然是双方当事人意愿表示一致的结果，如果一方不明白合同内容就做出承诺，应视为合同当事人意愿未达成一致，未达成合意的条款不能产生法律效力；如果构成重大误解或有失公平，当事人可以申请撤销合同。因此，在订立合同时，保险人应就保险合同内容向投保人进行明确说明和必要解释，特别是责任免除条款。如果保险人在订立保险合同时，没有就一些条款进行明确说明和明确列明，保险人应承担一定的法律后果。《保险法》第十七条规定："对保险合同中免除保险人责任的条款，保险人在订立合同时应当在投保单、保险单或者其他保险凭证上作出足以引起投保人注意的提示，并对该条款的内容以书面或者口头形式向投保人作出明确说明；未作提示或者明确说明的，该条款不产生效力。"

3. 履行保证义务

这里的保证是指投保人向保险人做出承诺，保证在保险期间遵守作为或不作为的某些规则，或保证某一事项的真实性，这也是最大诚信原则对投保人的要求。

保证是人对事情的作为或不作为的承诺。在保险合同中，作为合同生效先决条件的保证，指被保险人承诺不因他的作为或不作为使保险标的的危险程度增加。保证事项一般都是重要事项。例如配备智能驾驶系统的汽车因发生保险事故的概率有所降低，从而享受较优惠的费率，因此被保险人应该保证智能驾驶系统在保险期内处于良好状态，否则就是违反了保证原则。被保险人不得在驾驶车辆内携带易燃易爆物品，如果携带易燃易爆物品，就违反了保证原则。

保证根据存在的形式可以分为明示保证和默示保证。

明示保证一般以特约条款或附加条款的形式载于保险单内，或者以口头方式承诺。明示保证又分为承诺保证和确认保证两类。如果被保险人保证的事情现在如此，将来也必须如此，那么这种保证称为承诺保证。比如，机动车辆保险条款中列明：“被保险人及其驾驶员应当做好保险车辆的维护、保养工作，保险车辆装载必须符合规定，使其保持安全行驶技术状态。”这就是承诺保证。承诺保证一般在保险单中以条款的形式出现。如果被保险人保证的事情现在如此，将来不一定如此，则称为确认保证。这种保证有时以书面形式出现在保险单中，有时仅仅以口头形式表示确认。

默示保证是根据习惯或惯例认为被保险人应该采取或不应该采取某种行为的事实。默示保证在保险单内虽无文字规定，但一般是必须遵循的准则，是习惯上或社会公认的被保险人应在保险实践中遵守的规则。如要求被保险的车辆必须有正常的行驶能力。默示保证一般适用于海上保险。

一般情况下告知的行为主体是投保人，而保证的行为主体是投保人和被保险人。在订立保险合同后，保险标的处于投保人和被保险人的控制之下，他们的作为和不作为会极大地影响风险状况，因此保险人一般要求投保人和被保险人对某些重要事项做出保证，以约束投保人和被保险人的某些作为和不作为。

无论是明示保证还是默示保证，都对保证人有约束作用，其法律效力是完全相同的。违反保证的行为而导致的后果有两种情况：一是保险人不承担赔偿或给付保险金的责任；二是保险人解除保险合同。

4. 弃权和禁止反言

这是最大诚信原则对保险人的要求。弃权是指保险人放弃法律或在保险合同中规定的某项权利，如拒绝承保的权利、解除保险合同的权利等。禁止反言与弃权有紧密的联系，是指保险人既然放弃了该项权利，就不得向被保险人或受益人再主张这种权利。

在保险实务中，弃权和禁止反言一般针对保险人的权利而言，是对保险人及其代理人的行为进行的限制。两者的法律意义虽然不同，但产生的效果完全一样。当投保人有明显的违约行为时，保险人有权解除保险合同，或者行使其他权利，保险人放弃这些权利就是一种弃权行为，以后保险人就不能再就此行为主张权利。

例如，在美国的汽车保险中限制行驶区域为加拿大，当投保人告诉保险公司代理人，被保险人将在投保后驾车到南美洲，而代理人为了招揽业务，认为这不影响合同的签订和费率。合同订立后，被保险人驾车到南美洲后发生了保险责任事故，那么根据弃权和禁止反言规则，保险人放弃了对行驶区域规定的主动权，不能反言以被保险人违反合同中关于行驶区域的规定而行使保险合同解除权，保险人必须偿付保险金。

(三)违反最大诚信原则的处理

对投保人而言，违反如实告知义务的主要表现为遗漏、隐瞒、伪报、欺诈等行为。可以视情况决定是否从违约开始废止保险合同，也可以对某一个索赔案拒绝赔付。

对保险人而言，未履行说明义务，则责任免除条款不发生效力。如果保险人已经弃权，其后果是保险人将丧失基于被保险人的某特定违约行为而产生的合同解除权和抗辩权。但如果投保人、被保险人、受益人有其他违约行为，保险人仍可依据法律规定享有抗辩权和合同解除权。

二、最大诚信原则在典型案例中的应用

在汽车保险业务中存在保险欺诈的现象，违背最大诚信原则的恶意违法行为时有发生。保险人员在经营汽车保险业务时，要对车险的风险因素有足够的认识，加强经营中的风险防范意识，最大限度地限制和打击保险欺诈活动。同时，保险人也应认真遵守最大诚信原则，以免给自己带来不必要的损失。

子任务3 近因原则

一、近因原则的含义

所谓近因，是指造成保险标的损失最直接、最有效、起决定作用的原因，其与实际损失之间存在因果关系，并不是指时间上和空间上与损失最为接近的原因。

近因原则是判断风险事件与保险标的的损害之间的因果关系，进而确定保险赔偿责任的一项基本原则，具体指保险人承担赔偿责任，或给付保险金的条件是造成保险标的损失的近因，必须属于保险责任。若风险事件属于保险责任，保险人承担赔偿或保险金给付责任；若风险事件属于除外责任或未保风险，则保险人不负赔偿责任。在实际生活中，损害结果可能由单因造成，也可能由多因造成。

1. 致损的原因只有一个的情形

这里是指造成财产损失或者人身伤亡的原因只有一个的情形，这个原因就是近因。若该原因属于保险责任，保险人应负赔付责任；若该原因属于责任免除项目，则保险人不负责任。

2. 致损的原因有多个的情形

这种情形下损失的原因有多个，它们可能同时并存发生，也可能连续发生，还可能间断发生。

(1)多种原因同时并存发生。多种原因同时并存发生即损失由多种原因造成，且这些原因几乎同时发生，无法区分时间上的先后顺序。如果损失的发生有同时存在的多种原因，且对损失都起决定性作用，则它们都是近因。对于这种情况，保险人是否承担赔付责任应区分两种情况：第一，如果这些原因都属于保险风险，则保险人承担赔付责任；相反，如果这些原因都属于除外风险，则保险人不承担赔付责任。第二，如果这些原因中既有保险风险，也有除外风险，保险人是否承担赔付责任，要看损失结果是否容易分解。对于损失结果可以分别计算的，保险人只负责保险风险所致损失的赔付。

(2)多种原因连续发生。多种原因连续发生即损失是由若干个连续发生的原因造成，且各原因之间的因果关系没有中断。如果损失的发生是由具有因果关系的连续事故所致，保险人是否承担赔付责任，也要区分两种情况：第一，如果这些原因中没有除外风险，则这些原因即损失的近因，保险人应负赔付责任。第二，如果这些原因中既有保险风险，也

有除外风险，则要看损失的前因是保险风险还是除外风险。如果前因是保险风险，后因是除外风险，且后因是前因的必然结果，则保险人应承担赔付责任；相反，如果前因是除外风险，后因是保险风险，且后因是前因的必然结果，则保险人不承担赔付责任。例如，人身意外伤害保险(疾病是除外风险)的被保险人因车祸被撞成重伤，因伤重无法行走，只能倒卧在湿地上等待救护，结果由于着凉而感冒高烧，后又并发了肺炎，最终因肺炎致死。此案中，被保险人的意外伤害与死亡所存在的因果关系并未因肺炎疾病的发生而中断，虽然与死亡最接近的原因是除外风险——肺炎，但它发生在保险风险——意外伤害之后，且是意外伤害的必然结果，所以，被保险人死亡的近因是意外伤害而非肺炎，保险人应承担赔付责任。

(3)多种原因间断发生。多种原因间断发生即损失是由间断发生的多种原因造成的。如果风险事件的发生与损失之间的因果关系由于另外独立的新原因介入而中断，则该新原因即损失的近因。如果该新原因属于保险风险，则保险人应承担赔付责任；相反，如果该新原因属于除外风险，则保险人不承担赔付责任。例如，在人身意外伤害保险中，被保险人在交通事故中因严重的脑震荡而诱发癫狂与抑郁交替症。在治疗过程中，医生叮嘱其在服用药物巴斯德林时切忌进食干酪。但是被保险人未遵医嘱，服该药时又进食了干酪，终因中风而亡，据查，中风确系巴斯德林与干酪所致。在此案中，食用相忌的食品与药物所引发的中风死亡，已打断了车祸与死亡之间的因果关系，食用干酪为中风的近因，故保险人对被保险人中风死亡不承担赔偿责任。

二、近因原则在汽车保险实务中的运用

在汽车保险业务中，近因的确定对于认定是否属于保险责任具有十分重要的意义。坚持近因原则的目的是分清与风险事件有关各方的责任，明确保险人承保的风险与保险标的损失结果之间存在的因果关系。虽然确定近因有其原则性的规定，即以最具作用和最有效果的致损原因作为近因，但在实践中，由于致损原因的发生与损失结果之间的因果关系错综复杂，判定近因和运用近因原则绝不是轻而易举的事。

子任务4 损失补偿原则

一、损失补偿原则的含义

损失补偿原则是指保险标的发生保险责任范围内的损失时，按照保险合同约定的条件，依据保险标的的实际损失，在保险金额以内进行补偿的原则。损失补偿只能使被保险人在经济上恢复到受损前的状态，而不允许被保险人通过额外索赔获得经济利益。损失补偿原则运用于财产保险，其内涵主要有以下几点：

第一，赔偿必须在保险人的责任范围内进行，即保险人只在保险合同规定的期限内，以约定的保险金额为限，对合同中约定的危险事故所致损失进行赔偿。

第二，赔偿额应以实际损失额为限。当保险标的遭受损失后，按照保险合同的规定，保险人的赔偿以被保险人所遭受的实际损失为限，不能超过被保险人的实际损失，被保险人不能通过保险获得额外利益。换而言之，保险人的赔偿应恰好使保险标的恢复到保险事故发生前的状态。例如，小张投保了车损险，保险金额为 15 万元，后来不幸发生保险事故，车辆全部损毁，受损时车辆的市价下跌，仅为 12 万元，则保险人只按实际损失赔偿 12 万元。

第三，赔偿额应当以保险利益为限。保险利益是被保险人向保险人索赔的基本依据，实施损失补偿以保险利益为限。

第四，损失补偿是保险人的义务。据此，被保险人提出索赔请求后，保险人应当按照主动、迅速、准确、合理的原则，尽快核定损失，与索赔人达成协议并履行赔偿义务；保险人未及时履行赔偿义务时，除支付保险金外，还应赔偿被保险人由此遭受的损失。

损失补偿原则的实施方式有赔付现金、修理、更换、重置等。

二、损失补偿原则的作用

(1)保障保险职能的顺利实施。

(2)防止被保险人从保险中营利。

(3)减少道德风险。

三、损失补偿原则的派生原则

(一)代位原则

代位原则是指保险人依照法律或保险合同的约定，对被保险人遭受的损失进行赔偿后，依法取得向财产损失负有责任的第三者进行追偿的权利或取得被保险人对保险标的的所有权。

1. 代位原则的作用

(1)防止被保险人因同一损失而获取超额赔偿，即避免被保险人获取双重利益。如果保险标的损失是由于第三者的疏忽、过失或故意行为造成的，而且又属于保险人承保的责任范围，那么被保险人既可以按照法律向第三者要求赔偿，也可以按照保险合同的规定向保险人提出赔偿。这样，被保险人获得的赔偿就有可能超过其实际损失，获得额外利益，从而违背损失补偿原则。

例如：在保险标的发生保险事故导致实际全损或推定全损，保险人全额赔付后，如果允许被保险人处理保险标的剩余物资或保险标的被找回，那么被保险人获得的利益将超出其实际损失，从而获得额外利益。

(2)维护社会公共利益，保障公民、法人的合法权益不受侵害。为维护社会公共利益，责任人对因其疏忽或过失而对他人造成的损失承担经济赔偿责任。通过代位，责任人无论如何都要承担损害的经济赔偿责任，保险人也可以通过代位追偿从责任人处追回所支付的保险赔偿款，维护保险人的合法权益。

(3)有利于被保险人及时获得经济补偿，尽快恢复正常的生产和生活。通常被保险人或受害人向责任人索赔比向保险人索赔所花费的时间、物力和人力更多，通过代位，会使被保险人尽快恢复到保险事故发生前的经济水平而不必直接向责任方索赔。

2. 代位原则的内容

代位原则的内容主要包括两部分：代位求偿和物上代位。

(1)代位求偿。代位求偿是指当保险标的因遭受保险事故发生损失而依法应由第三者承担赔偿责任时，保险人支付了保险赔款后，在赔偿金额的限度内相应取得对第三者的索赔权利。

①代位求偿的实现应具备以下条件：第一，保险标的损失是由于保险责任事故引起的；第二，保险事故由第三方的责任引起；第三，保险人必须在履行了赔偿责任之后才能取得代位求偿权。

②保险双方在代位求偿中的权利和义务体现为：

a. 保险人的权利和义务。保险人的权利是保险人在赔偿金额范围内代位行使被保险人对第三者请求赔偿的权利。保险人的义务是保险人追偿的权利应当与他的赔偿义务等价，如果追得的款项超过赔偿金额，超过部分归被保险人。

b. 被保险人的权利和义务。第一，在保险赔偿前，被保险人有起诉过失方的权利；第二，不能放弃对第三者责任方的索赔权；第三，由于被保险人的过错致使保险人不能行使代位请求赔偿权利的，保险人可以相应扣减保险赔偿金；第四，被保险人有义务协助保险人向第三责任方追偿；第五，被保险人已经从第三责任方取得损害赔偿的，保险人赔偿保险金时，可以相应扣减被保险人从第三责任方已取得的赔偿金额。

③代位求偿原则的适用范围包括：第一，保险人代位求偿的对象是对保险标的损失负有责任的第三者，保险人对被保险人的家庭成员及组成人员的过失行为造成的损失不能行使代位求偿权；第二，代位求偿原则不适用于人身保险。

(2)物上代位。物上代位是指保险标的因遭受保险事故而发生全损时，保险人在全额支付保险赔偿金之后，依法拥有对该保险标的物的所有权，即代位取得受损保险标的的一切权利。

《保险法》第五十九条规定："保险事故发生后，保险人已支付了全部保险金额，并且保险金额等于保险价值的，受损保险标的的全部权利归于保险人；保险金额低于保险价值的，保险人按照保险金额与保险价值的比例取得受损保险标的的部分权利。"

物上代位的产生有两种情况：一是发生在实际全损后有残留物，保险人全额赔付后，残留物归保险人；二是发生推定全损，是指保险标的发生保险事故后，认为实际全损已不可避免，或者为避免发生实际全损所需支付的费用将超过保险价值，则按全损予以赔偿。

代位求偿与物上代位存在明显的区别：第一，代位求偿的保险标的损失是由第三者责任引起的；第二，代位求偿取得的是追偿权，而物上代位取得的是所有权。在物上代位中，保险人取得了对保险标的的所有权利和义务。

在保险车辆被盗抢的情况下，保险人赔偿后，如被盗抢的保险车辆找回，应将该车辆归还被保险人，同时收回相应的赔款。如果被保险人不愿意收回原车，则车辆所有权益归保险人。这是代位原则所要求的。

案例链接

【案例概况】 2022 年 7 月，车主杨某在某保险公司为其帕萨特轿车投保了车辆损失险、第三者责任险和盗抢险等险种，其中盗抢险的保险金额为 32 万元，保险期限自 2022 年 7 月 11 日起至 2023 年 7 月 10 日止。2022 年 10 月 15 日，杨某所投保的帕萨特轿车在 A 小区停车场内被盗，杨某于 2023 年 1 月 20 日在保险公司领取了 25.4 万元的保险金，并同时签署了一份权益转让书：杨某愿意将车的所有权(包括向任何第三者的追偿权)完全转让给保险公司，并愿意为保险公司行使上述权利提供协助。

【案例解析】 经查明，2022 年 8 月，车主杨某在 A 小区办理了车辆停放保管手续，申领了固定停车位 21 号车位，并每月向 A 小区物业交纳管理费 150 元，交至同年 10 月。其间，A 小区将停车证及其公司自行制定的“小区停车场汽车保管有关规定及细则”交给杨某，并要求杨某在其自行印制的“承诺书”上签名，承诺遵守上述规定。该规定第六条为：“本车场仅提供车位泊车及相关服务，车辆在停车场内失窃或由于意外而受损，本小区物业概不负责赔偿。”2022 年 10 月 14 日晚，杨某将车停放在 A 小区停车场 21 号车位，次日早晨发现丢车，遂向公安机关报案，失车未找回。保险公司取得代位求偿权后，将 A 小区物业诉诸法院，引起诉讼。法院审理后认为，杨某按月向 A 小区物业公司的车辆管理处支付车管费，即双方间的车辆保管关系成立，车辆管理处的规定及细则中的免责条款在法律上无依据，有悖公平原则，不具有约束力，物业公司未能履行应尽义务，致该车丢失，依法应当承担赔偿责任。保险公司依法代位行使追偿权，手续齐备，其诉讼请求应予支持，据此判决 A 小区物业公司在判决发生法律效力之日起 10 日内赔偿原告 25.4 万元，本案受理费由被告承担。

(二)分摊原则

分摊原则是指在投保人善意重复保险的情况下，当保险事故发生时，保险人应对被保险人的损失实行分摊的原则。分摊原则也是由损失补偿原则派生出来的，不适用于人身保险，仅适用于财产保险中的重复保险。同一投保人对同一保险标的、同一保险利益、同一保险事故分别与两个及以上的保险人订立保险合同，被保险人在发生保险事故后，所得赔偿金由各保险人采用适当的方法进行分摊。

在重复保险的情况下，对于损失发生后的赔款，保险人如何进行分摊，各国的做法有所不同。主要有以下三种分摊方法：

1. 比例责任制

比例责任制又称保险金额比例分摊制，是将各保险人所承保的保险金额进行加总，得出各保险人应分摊的比例，然后按比例分摊损失金额。其公式为：

某保险人的责任＝某保险人的保险金额/所有保险人的保险金额之和×损失额

例如，某投保人先后分别与 A、B、C 三家公司签订了一份火灾保险合同。A、B、C 公司承保的金额分别为 150000 元、200000 元、250000 元。因发生火灾，损失 200000 元。

A 保险人应赔付的金额＝150000/(150000＋200000＋250000)×200000＝50000(元)

B 保险人应赔付的金额＝200000/(150000＋200000＋250000)×200000≈66667(元)

C 保险人应赔付的金额＝250000/(150000＋200000＋250000)×200000＝83333(元)

2. 限额责任制

限额责任制又称赔款额比例责任制，即保险人分摊赔款额不以保额为基础，而是按照无他保的情况下各单独应负的责任限额进行分摊赔款。其公式为：

某保险人责任＝某保险人独立责任限额/所有保险人独立责任之和×损失额

仍以上题为例，在采用限额责任制计赔时，各保险人应承担的赔付金额如下：

A 保险人应赔付的金额＝150000/(150000＋200000＋200000)×200000≈54545(元)

B 保险人应赔付的金额＝200000/(150000＋200000＋200000)×200000≈72727(元)

C 保险人应赔付的金额＝200000/(150000＋200000＋200000)×200000≈72727(元)

3. 顺序责任制

各保险人所负责任依签订保单顺序而定，由先订立保单的保险人首先负责赔偿，当赔偿不足时再由其他保险人依次承担不足部分，此为顺序责任制。

仍以上题为例，在采用顺序责任制计赔时，各保险人应承担的赔付金额如下：

A 保险人应赔付的金额＝150000(元)

B 保险人应赔付的金额＝50000(元)

C 保险人应赔付的金额＝0(元)

由于顺序责任制对有的保险人有失公平，因而各国实务中大多已不采用该法，多采用前两种分摊方法。我国《保险法》第五十六条第二款规定："重复保险的各保险人赔偿保险金的总和不得超过保险价值。除合同另有约定外，各保险人按照其保险金额与保险金额总和的比例承担赔偿保险金的责任。"可见，我国一般采用比例责任制的分摊方法。

在重复保险的情况下，同样的损失用不同的分摊方法计算，各保险公司承担的赔款额是不同的。仍以上题为例，对三种分摊方法加以对比，如表 1-3 所示。

表 1-3　不同责任制赔款的计算

分摊方法	公司类型		
	A 公司	B 公司	C 公司
比例责任制/元	50000	66667	83333
限额责任制/元	54545	72727	72727
顺序责任制/元	150000	50000	0

四、损失补偿原则的运用

出现保险责任事故，被保险人获得的赔偿金不会超过实际损失。规定汽车保险为不定值保险是损失补偿原则要求的，也是为保护汽车保险作为一种积极的社会经济制度所要求的。

任务实施

1. 分组

将班级进行分组，一个小组的人数以 6～8 人为宜，小组的划分要充分考虑学习实力的均衡、性别、性格等问题，形成一个团结协作的团队。小组内的 2 人形成一个组合，1 人扮演教师，另 1 人扮演学员。

2. 小组讨论与交流

分小组进行讨论与交流，结合实际案例介绍汽车保险运行过程中应遵循的基本原则，选择其中一种原则制作 PPT 进行讲解。小组讨论与交流的内容见表 1-4。

表 1-4　小组讨论与交流的内容

序号	讨论的要点	讨论的具体内容
1	保险利益原则的内容及应用实例	
2	最大诚信原则的内容及应用实例	
3	近因原则的内容及应用实例	
4	损失补偿原则的内容及应用实例	

3. 小组模拟训练

各小组以 2 人为一个组合开展模拟训练，1 人扮演教师，另 1 人扮演学员，然后再互换角色。教师要充分掌握汽车保险的基本原则，为学员进行讲解、答疑。小组成员共同讨论各组合的模拟训练的情况，不断改进。

4. 小组汇报评比

各小组推荐最优秀的模拟者代表小组进行汇报。各小组先进行自评，找出自己的优势和不足；再进行小组间互评，找出不足；最后由教师进行点评。考核标准如表 1-5 所示。

表 1-5　考核标准

序号	考核内容	考核要点	分值	小组自评（30%）	小组互评（40%）	教师点评（30%）	得分
1	保险基本原则的介绍	能否充分掌握基础知识	10				
		案例选择是否恰当，讲解是否生动	20				
		能否帮助学员尽快掌握知识要点、答疑解惑	30				
2	汇报表现	语言表达是否清晰	10				
		逻辑是否合理，重点是否突出	20				
		仪容仪表是否得体	10				
合　计							

5. 个人小结

任务知识巩固

习题答案 1.2

一、单选题

1. 投保人与保险标的之间存在利害关系的标志是(　)。

A. 保险责任　　B. 保险收益
C. 保险利益　　D. 保险赔偿

2. 保险最大诚信原则中的弃权和禁止反言主要是约束(　)。

A. 受益人　　B. 被保险人
C. 保险人　　D. 关系人

3. 投保人对保险标的所具有的法律上认可的利益称为(　)。

A. 保险利益　　B. 经济利益
C. 法律权益　　D. 经济效益

4. 保险损失的近因是指在保险事故发生时(　)。

A. 时间上最接近损失的原因　　B. 引起损失发生的第一个原因
C. 空间上最接近损失的原因　　D. 最直接起主导和支配作用的原因

5. 甲投保了保险金额为 100 万元的房屋火灾保险，一场意外该房屋全部焚毁，火灾发生时该房屋市价为 120 万元，那么，甲应得的保险赔偿为(　)。

A. 80 万元　　B. 90 万元
C. 100 万元　　D. 120 万元

6. 投保人将市价 15 万元的财产同时向甲、乙两家保险公司投保，保险金额分别为 5 万元和 15 万元，若一次保险事故造成实际损失为 8 万元，则按照比例责任分摊原则，甲、乙两家保险公司应承担的赔款是(　)。

A. 2 万元和 6 万元　　B. 3 万元 和 5 万元
C. 4 万元和 4 万元　　D. 6 万元和 2 万元

二、简答题

1. 汽车保险应遵循哪些原则？

2. 何谓保险利益？成为可保利益的条件是什么？简述保险利益原则在汽车保险实施中的理论指导意义。

3. 最大诚信原则包括哪些内容？

4. 何谓近因？何谓近因原则？如何在保险实务中运用近因原则？

5. 何谓损失补偿原则？

6. 举例说明什么是物上代位，什么是代位求偿。

任务3　汽车保险合同

任务分析

小周在工作后为自己买了一辆代步车用于上下班。作为新手，他很担心在使用车辆的过程中给自己和他人带来损失，于是决定购买汽车保险，和保险公司签订了汽车保险合同。小周是第一次办理汽车保险业务，对汽车保险合同的内容不甚了解，也不清楚汽车保险合同订立、变更、履行过程中的一些法律规定。

作为汽车保险销售人员，要想为客户解决问题，需要完成下列任务：

(1)为车主介绍和解释汽车保险合同的主要内容。

(2)为车主介绍汽车保险合同的基础知识。

任务目标

(1)专业能力目标。①了解汽车保险合同的特征；②了解汽车保险合同的形式、主体、客体和内容；③掌握保险人、投保人应履行的义务。

(2)方法能力目标。掌握汽车保险合同与一般合同的区别。

(3)社会能力目标。掌握汽车保险合同的一般法律规定。

任务知识链接

汽车保险合同是保险合同的一种。《保险法》关于保险合同的一般规定包括合同订立、变更、解除以及保险合同双方当事人的权利、义务关系等基本内容，对汽车保险合同的订立、变更等行为同样是适用的。不过，汽车保险合同业务活动毕竟与其他险种的合同行为存在差别，掌握这些差别，对于正确理解汽车保险具有十分重要的意义。

子任务1　汽车保险合同概述

一、汽车保险合同的定义

《保险法》第十条规定："保险合同是投保人与保险人约定保险权利义务关系的协议。"根据当事人双方的约定，投保人向保险人缴纳保险费，保险人在保险标的遭受约定的事故时，承担经济补偿或给付保险金义务。

保险合同按保险人承担的责任可分为财产保险合同和人身保险合同。财产保险合同是以财产及其有关利益为保险标的的保险合同。人身保险合同是以人的寿命和身体为保险标的的保险合同。财产保险合同与人身保险合同最大的区别在于各自的保险标的不同。

汽车保险合同是财产保险合同的一种，是指以汽车及其有关利益为保险标的的保险合同。汽车保险合同不仅适用《保险法》《中华人民共和国道路交通安全法》《机动车交通事故责任强制保险条例》等法律法规的规定，而且适用《中华人民共和国民法典》和《中华人民共和国民法通则》的有关规定。

二、汽车保险合同的法律特征

汽车保险合同是双方当事人在社会地位平等的基础上产生的，体现双方当事人的平等性，属于经济合同的一种。汽车保险合同的客体不同于一般经济合同的客体，所以，汽车保险合同既具有经济合同的一般特点，又有自身的独特之处。

1. 汽车保险合同的一般特征

(1)汽车保险合同是有名合同。以法律是否设有规范并赋予一个特定名称为标准，合同分为有名合同与无名合同。法律直接赋予某种合同名称并规定了其调整规范的合同为有名合同。汽车保险合同是典型的有名合同，我国《机动车辆保险条例》赋予汽车保险“机动车辆保险”的名称。

(2)汽车保险合同是有偿合同。保险合同的一方享有合同规定的权利的同时，必须付出一定的代价，这种相互的报偿关系称为对价。汽车保险合同的生效是以投保人交付保险费为条件的，也就是说投保人以交付保险费作为换取保险人承担危险的代价，这种代价是相互有偿的。因此，汽车保险合同是典型的有偿合同。

(3)汽车保险合同是射幸合同。射幸是碰运气、赶机会的意思。射幸合同的履行内容在订立合同时并不能确定，只有当合同中约定的条件具备或者合同约定的事件发生时才履行。汽车保险合同是一种射幸合同，投保人根据保险合同支付保险费的义务是确定的，而保险人只有在发生保险事故时才承担赔偿或给付义务，即保险人的义务是否履行，在汽车保险合同订立时尚不确定，而是取决于偶然的、不确定的保险事故是否发生。汽车保险合同的射幸性是就单个保险合同而言的，是仅就有形保障而言的。

(4)汽车保险合同是最大诚信合同。任何合同的订立，都应本着诚实、守信的原则。

(5)汽车保险合同是对人的合同。保险车辆的过户、转让、出售行为是其所有权的转移，必然带来被保险人的变更。在汽车保险中，保险车辆的过户、转让或者出售，必须事先通知保险人，经保险人同意并将保险单或保证凭证批改后方有效，否则从保险车辆过户、转让、出售时起，保险责任即行终止。保险车辆的过户、转让、出售行为是其所有权的转移，必然带来被保险人的变更，而原被保险人在其投保前已经履行了告知义务，承担了支付保险费等义务，保险人对其资信情况也有一定的了解，如果被保险人的汽车所有权发生转移，势必导致保险人对新的车辆所有者的资信情况一无所知。众所周知，在汽车保险中，保险事故的发生，除了客观原因外，还与投保人、被保险人的责任心及道德品质有关，倘若汽车新的所有者妄想以保险索赔，那么汽车保险事故就成为一种必然风险。因此保险车辆所有权转移行为必须通知保险人，否则，保险人有据此解除保险合同关系的权利。从这个角度说，汽车保险合同是对人的合同。

(6)汽车保险合同是双务合同。双务合同是指合同当事人双方互相承担义务、互相享有权利。汽车保险合同的投保人和保险人相互都承担义务和享有权利，投保人承担支付保险费的义务，保险人承担约定事故出现后的赔款义务；投保人或被保险人在约定事故发生后有权向保险人索赔，而保险人也有权要求投保人缴纳保险费。所以，汽车保险合同是双务合同。

(7)汽车保险合同是非要式合同。合同有要式合同与非要式合同之分。要式合同是指法律要求必须具备一定形式和手续的合同。与之相对应，非要式合同是指法律不要求具备一定形式和手续的合同。两者的区别在于是否要求以一定的形式作为合同成立和生效的条件。要式合同的成立和生效一般规定需要采用一定的形式，否则合同就不能成立和生效。非要式合同可由合同双方当事人自由决定合同的形式，无论采用何种形式都不影响合同的成立和生效。在汽车保险实务中，只要投保人如实地填写投保单，并交纳了相应的保险费，无论保险人是否签发了其他的保险单证，法律上都认定汽车保险合同已经成立和生效。

(8)汽车保险合同是附和性合同。附和性合同是指合同不是双方当事人充分商议后订立的，而是由一方提出合同的主要内容，另一方只能取与舍，既可选择接受对方提出的条件订立合同，也可拒绝对方提出的条件，而没有修改合同内容的权利。汽车保险合同是附和性合同，由保险人缮制，通常情况下投保人无权修改合同的内容，只有决定是否与保险人订立合同的权利。

2. 汽车保险合同有别于一般保险合同的特征

汽车保险合同除了具有上述一般保险合同的特征以外，还有区别于一般保险合同的特征。

(1)汽车保险合同的可保利益较大。对于汽车保险，不仅被保险人使用汽车时具有可保利益，被保险人允许的合格驾驶员使用保险车辆时同样具有可保利益。

(2)汽车保险合同属于不定值合同，其保险金额的确定方法不同。保险合同中汽车的保险金额可以由投保人和保险人约定并在保险合同中载明，也可以按照保险事故发生时汽车的实际价值确定。投保汽车保险时，车辆损失险的保险金额不能超过保险价值，超过保险价值的，超过部分无效；低于保险价值的，保险人按照保险金额与保险价值的比例承担赔偿责任。这就是说，汽车保险金额定得太高，超出了保险价值，多投保的那一部分，投保人也不能多得；定得太低，投保人的损失将得不到足额补偿。我国现行的机动车辆保险条款明确规定汽车保险合同为不定值合同。

(3)汽车保险合同适用代位原则(确保保险人具有对第三者责任的追偿权)。如果汽车的损毁因第三者造成的保险事故引起，保险人自向被保险人赔偿保险赔款之日起，在赔款金额范围内代位行使被保险人对第三者请求赔偿的权利。如果被保险人已经从第三者取得损害赔偿，保险人在赔偿保险赔款时，可以相应扣减被保险人从第三者处已取得的赔款金额。

三、汽车保险合同的形式

保险合同通常采用书面形式。书面形式的保险合同包括投保单、暂保单、保险单、保险凭证、批单以及书面协议。

1. 投保单

投保单也称要保单或投保申请书，是投保人表示愿意同保险人订立保险合同的书面要约。通常，投保单由保险人事先设计并印刷，上面列明了保险合同的具体内容，投保人只需在投保单上按列明的项目逐项填写即可。投保人填写好投保单后，保险人审核同意签章承保，这意味着保险人接受了投保人的书面要约，说明汽车保险合同已告成立。

投保单的主要内容包括投保人、被保险人名称/姓名，投保车辆的情况，投保的险别，保险金额，保险期限等(图 1-2)。投保单的内容经保险人签章后，保险合同即告成立，保险人按照约定的时间开始承担保险责任。

2. 暂保单

暂保单是保险人出具正式保单以前签发的临时保险合同，用以证明保险人同意承保。暂保单也称临时保险单，内容较为简单，仅包括保险标的、保险责任、保险金额，保险关系当事人的权利和义务等。

订立暂保单不是签订合同的必经程序。使用暂保单的情况如下：

(1)保险代理人或保险经纪人争取到保险业务后，在未向保险人办妥保险单之前，要向投保人签发暂保单。

(2)当保险公司的分支机构受经营权限和经营程序的限制，需要上级公司批准才能签发保险单时，一般在接受投保人的要保申请后，签发暂保单。

(3)在保险人原则上已经承保，但保险双方对保险单尚未记载的事项没有完全协商一致时，保险人需要向投保人先签发暂保单。

(4)出口贸易结汇，保险单是必备的文件之一，在保险单或保险凭证未出具之前，可出具暂保单，证明出口货物已办理保险，作为办理结汇凭证之一。

暂保单具有与正式保险单同等的法律效力。同正式保险单相比，暂保单的内容相对简单，保险期限短，可由保险人或兼业保险代理机构签发；而正式保险单尽管法律效力与暂保单相同，但其内容较为复杂，保险期限通常为一年，只能由保险人签发。

3. 保险单

保险单简称保单，是保险人和投保人订立保险合同的正式凭证。保单上列明保险合同的所有内容，它是保险双方当事人确定权利、义务，以及在发生保险事故，遭受经济损失后，被保险人向保险人索赔的重要依据。图 1-3 为机动车交通事故责任强制保险单(电子保单)。图 1-4 为机动车保险单(电子保单)。

4. 保险凭证

保险凭证也称保险卡，是保险人向投保人签发的证明保险合同已经成立的书面凭证，是一种简化了的保险单。

保险凭证的法律效力与保险单相同，保险凭证上未列明的事项以保险单为准。

机动车保险投保单

No. 00001

<table>
<tr><td rowspan="4">客户信息</td><td>投保人名称</td><td colspan="5"></td><td>证件号码</td><td colspan="3"></td></tr>
<tr><td>被保险人名称</td><td colspan="5"></td><td>证件号码</td><td colspan="3"></td></tr>
<tr><td>车主名称</td><td colspan="5"></td><td>证件号码</td><td colspan="3"></td></tr>
<tr><td>证件类型</td><td colspan="3">投保人证件类型：</td><td colspan="4">被保险人证件类型：</td><td colspan="2">车主证件类型：</td></tr>
<tr><td rowspan="5">车辆信息</td><td>车牌号码</td><td colspan="2"></td><td>初登日期</td><td colspan="2"></td><td>新车购置价</td><td colspan="3">元</td></tr>
<tr><td>车主单位性质</td><td colspan="5">□企业　党政机关、事业单位、非营业性社团组织</td><td>使用性质</td><td colspan="3">□非营业　□营业　□特种车</td></tr>
<tr><td>厂牌型号</td><td colspan="3"></td><td>核定座位数</td><td>座</td><td>核定吨位数</td><td colspan="3">吨</td></tr>
<tr><td>发动机号</td><td colspan="2"></td><td>车架号</td><td colspan="3"></td><td>排量</td><td colspan="2">升</td></tr>
<tr><td>指定驾驶员姓名</td><td></td><td>性别</td><td></td><td>驾驶证档案号</td><td></td><td>发证日期</td><td></td><td>准驾车型</td><td></td></tr>
<tr><td rowspan="3">交强险</td><td colspan="3">死亡伤残赔偿限额 180000 元</td><td colspan="3">医疗费用赔偿限额 18000 元</td><td colspan="4">财产损失赔偿限额 2000 元</td></tr>
<tr><td colspan="3">无责任死亡伤残赔偿限额 18000 元</td><td colspan="3">无责任医疗费用赔偿限额 1800 元</td><td colspan="4">无责任财产损失赔偿限额 100 元</td></tr>
<tr><td colspan="6">保险期限自 20　年　月　日零时起至 20　年　月　日二十四时止</td><td colspan="4">交强险保费：　元</td></tr>
<tr><td rowspan="2">车船税</td><td colspan="6">是否由我公司代收代缴车船税：□是　□否</td><td colspan="4">代收代缴车船税：　元</td></tr>
<tr><td colspan="3">当年车船税：　元</td><td colspan="3">往年补缴：　元</td><td colspan="4">滞纳金：　元</td></tr>
<tr><td rowspan="11">投保商业险明细</td><td colspan="2">投保险别</td><td colspan="2">保险金额/赔偿限额(万元)</td><td>保险费</td><td colspan="2">投保险别</td><td colspan="2">是否投保请做明显的标示</td><td>保险费</td></tr>
<tr><td colspan="2">机动车损失险</td><td colspan="2"></td><td></td><td colspan="2">附加绝对免赔率特约条款</td><td colspan="2"></td><td></td></tr>
<tr><td colspan="2">第三者责任险</td><td colspan="2"></td><td></td><td colspan="2">附加医保外医疗费用责任险</td><td colspan="2"></td><td></td></tr>
<tr><td colspan="2">车上人员责任险：__座</td><td colspan="2">/座</td><td></td><td colspan="2">附加机动车增值服务条款</td><td colspan="2"></td><td></td></tr>
<tr><td colspan="2">附加车轮单独损失险</td><td colspan="2"></td><td></td><td colspan="2"></td><td colspan="2"></td><td></td></tr>
<tr><td colspan="2">附加车身划痕损失险</td><td colspan="2"></td><td></td><td colspan="2"></td><td colspan="2"></td><td></td></tr>
<tr><td colspan="2">附加发动机进水特约条款</td><td colspan="2"></td><td></td><td colspan="2"></td><td colspan="2"></td><td></td></tr>
<tr><td colspan="2">附加新增设备损失险</td><td colspan="2"></td><td></td><td colspan="2"></td><td colspan="2"></td><td></td></tr>
<tr><td colspan="2">附加精神损害责任险</td><td colspan="2"></td><td></td><td colspan="2"></td><td colspan="2"></td><td></td></tr>
<tr><td colspan="2">商业险折扣系数：　折</td><td colspan="4">商业险保险费小计：　元</td><td colspan="4">保险费合计：　元</td></tr>
<tr><td>保险期限</td><td colspan="9">□同交强险保险期限　□自 20　年　月　日零时起至 20　年　月　日二十四时止</td></tr>
<tr><td>特别约定</td><td colspan="10">A. 保险人自投保人依约定缴费后开始承担保险责任，投保人缴费前发生的事故，保险人不承担赔偿责任。
B. 本保险合同一律采用书面形式，双主不认可其他形式的约定。</td></tr>
<tr><td>重要提示</td><td colspan="10">一、保险产品均有除外责任、理赔要求等内容，请务必认真阅读本投保单所附保险条款，特别是条款中加粗并标示下画线的部分，如有疑问请在投保时向销售人员提出。
二、请您在充分理解保险条款及特别约定后，认真填写每个项目，保证内容的真实可靠，并且我们将对您提供的资料信息严格保密。投保人为法人的必须加盖法人章或主管部门公章，投保人为个人的必须有投保人本人亲笔签名或代办人本人亲笔签名。
三、如需办理批改、退保或计划转让车辆，请务必事先致电　　　　　咨询注意事项。</td></tr>
<tr><td>投保人声明及签字</td><td colspan="10">本人填写投保单之前，保险人已向本人提供保险条款，已就本投保单和所属保险条款及附加险条款的内容，尤其是就保险人免除及减轻责任的条款、赔偿处理的条款、投保人和被保险人义务条款及本投保单中的特别约定做了明确说明，本人对该保险条款、保险条件及特别约定内容已充分了解并同意接受，明白其真实内容和法律后果。本人在本投保单(共 13 页)所填各项内容均属事实，同意以本投保单作为保险人签发保险单的依据。
经保险人明确说明，本人已充分了解责任免除条款的内容。
本人承诺将责任任免除条款内容向投保人如实告知
投保人签章：
日期：20　年　月　日</td></tr>
</table>

图 1-2　机动车保险投保单

中国银行保险监督管理委员会监制

机动车交通事故责任强制保险单(电子保单)

收费确认时间：　　　　有效保单生成时间：　　　　电子保单生成时间：

保险单号：

被保险人						
被保险人身份证号码(组织机构代码)						
地　　址					联系电话	
被保险机动车	号牌号码		机动车种类		使用性质	
	发动机号码		识别代码(车架号)			
	厂牌型号		核定载客	人	核定载质量	千克
	排　　量		功　　率		登记日期	
责任限额	死亡伤残赔偿限额		无责任死亡伤残赔偿限额			
	医疗费用赔偿限额		无责任医疗费用赔偿限额			
	财产损失赔偿限额		无责任财产损失赔偿限额			
与道路交通安全违法行为和道路交通事故相联系的浮动比率						
保险费合计(人民币大写)：　　　　(￥：　　元)　其中救助基金(　　%)￥：　　元						
保险期间自　　年　　月　　日　　时 起至　　年　　月　　日　　时 止						
保险合同争议解决方式						
代收车船税	整备质量		纳税人识别号			
	当年应缴	￥　　元	往年补缴	￥　　元	滞纳金	￥　　元
	合计(人民币大写)：　　　　(￥：　　元)					
	完税凭证号(减免税证明号)		开具税务机关			
特别约定						
重要提示						
保险人	公司名称： 公司地址： 邮政编码：　　服务电话：　　签单日期：　　(保险人签章)					

图 1-3　机动车交通事故责任强制保险单(电子保单)

5. 批单

在保险合同有效期间，可能会发生需要部分更动的情况，这时要求对保险单进行批改。保险单的批改应该根据不同情况采用统一和标准措辞的批单。批单的内容通常包括批单申请人、批改的要求、批改前的内容、批改后的内容、是否增加保险费、增加保险费的计算方式、增加的保险费，并明确除本批改外原合同的其他内容不变。

批单应加贴在原保险单正本和副本背面，并加盖骑缝章，使其成为保险合同的一部分。

在多次批改的情况下，最近一次批改的效力优于之前的批改。

中国银行保险监督管理委员会监制

太平洋保险 CPIC

扫码开票　APP　官方微信

中国太平洋财产保险股份有限公司
China Pacific Property Insurance Co.,Ltd.
全国客户服务电话：95500

机动车保险单（电子保单）

保险单号：

DZAW2059180168

被保险人			被保险人证件号码（团体客户代码）			
被保险人地址			邮编			
联系人		联系电话		E-mail		
交强险承保公司		交强险保单号		交强险期间		
被保险机动车　号牌号码		厂牌型号				
发动机号		识别代码（车架号）				
机动车种类		排量/功率		核定载客/载质量	人/	千克
使用性质		行驶证车主				
初次登记日期		实际价值		绝对免赔额		元

承保险别	保险金额/赔偿限额（元）	保险费（元）	承保险别	保险金额/赔偿限额（元）	保险费（元）

保险期间：自　　年　月　日　时　分起至　　年　月　日　时　分止

保险费合计（人民币大写）：　　¥：　　元

保险合同争议解决方式：

特别约定：

1.尊敬的客户：投保次日起，您可以通过本公司网页（www.cpic.com.cn）、客户服务电话（95500）、营业网点核实保单及理赔等信息。若对查询结果有异议，请联系本公司。联系方法为：95500。　2.本保单发生保险责任范围内的保险事故致使保险标的车或第三者车辆遭受损失时，保险人与被保险人约定赔偿方式为保险人按照应承担的保险责任负责修复受损车辆。 3.保险期间内，如发生本保险合同约定的保险事故造成被保险车辆损失或第三者财产损失，保险人可采取实物或修复方式进行保险赔付。 4.本保单保险期间内，可享受6年以内车辆免上线送检1次。 5.本保单在保险期间内，被保险人、车辆驾驶人因饮酒、服用药物等原因无法驾驶或存在极大安全驾驶隐患时，可享受我司提供的代驾服务8次，限贵州省内9个地州市市区内地区，每次单程代驾里程不超过15公里。 6.本保单保险期间内可享故障救援{无限次}（除港澳台地区外，除高速及政府管制路段外），每次拖车距离不超过100公里。 7.太平洋产险全国统一保险消费者投诉维权电话：95500-3-4。无其它特别约定。

明示告知

1.鉴于投保人已向本公司递交投保申请，并同意按约定缴纳保险费，本公司依照承保险别及其对应条款和特别约定，承担保险赔偿责任。

2.请您在收到保险单后立即核对，保险单内容如与事实不符，请立即通知本公司采用批单批改，自行改动或采用其他方式更改无效。

3.请您详细阅读所附保险条款，特别是加黑突出标注的、免除保险人责任部分的条款内容。

图 1-4　机动车保险单(电子保单)

6．书面协议

保险人经与投保人协商同意，可将双方约定的承保内容及彼此的权利和义务关系以书面形式明确下来。这种书面协议也是保险合同的一种形式。同正式保险单相比，书面协议的内容不事先拟就，而是根据保险关系双方当事人协商一致的结果来签订，具有较大的灵活性和针对性，是一种不固定格式的保险单，它与保险单具有同等法律效力。

子任务2 汽车保险合同的主体、客体和内容

一、汽车保险合同的主体

汽车保险合同的主体是指具有权利能力和行为能力的保险关系双方，包括汽车保险合同当事人、关系人和中介人。与汽车保险合同订立直接发生关系的人是保险合同的当事人；与汽车保险合同间接发生关系的人是合同的关系人，它仅指被保险人。由于保险业务涉及的面较广，通常存在中介人。

(一)汽车保险合同的当事人

汽车保险合同的当事人包括汽车保险人和汽车保险投保人。

1. 汽车保险人

(1)汽车保险人的概念

汽车保险人是指与汽车保险投保人订立汽车保险合同，对于合同约定的可能发生的事故因其发生造成的汽车本身损失及其他损失承担赔偿责任的财产保险公司。

(2)汽车保险人应符合的条件

对于保险人在法律上的资格，各国保险法都有严格规定。一般来说，汽车保险人经营保险业务必须经过国家有关部门审查认可。按我国法律规定，汽车保险人必须符合以下条件：汽车保险人要具备法定资格；汽车保险人须以自己的名义订立保险合同；汽车保险人依据保险合同承担保险责任。

(3)汽车保险人的义务

①承担赔偿或者给付保险金的义务。承担赔偿或给付保险金是汽车保险人最基本的义务。当保险标的遭受保险责任范围内的损失时，汽车保险人应承担赔偿或给付保险金的责任。汽车保险人承担保险赔偿或给付保险金的范围包括保险金、施救费用、争议处理费、检验费等。

②说明合同内容的义务。订立汽车保险合同时，汽车保险人应当向汽车保险投保人说明汽车保险合同的条款内容，特别是必须明确说明责任免除条款。

③及时签单义务。汽车保险合同成立后，及时签发保险单证是汽车保险人的法定义务。保险单证是保险合同成立的证明，也是履行保险合同的依据。保险单证中应当载明保险当事双方约定的合同内容。

④为汽车保险投保人或被保险人保密的义务。汽车保险人在办理保险业务的过程中对知道的投保人或保险人的业务情况、财产情况、家庭状况、身体健康状况等，负有保密的义务。为汽车投保人、被保险人保密，是汽车保险人的一项法定义务。

(4)汽车保险人的基本权利

决定是否承保；收取保费；要求汽车保险投保人履行如实告知义务；有权代位追偿、处理赔偿后的损余物资。

2. 汽车保险投保人

(1)汽车保险投保人的概念

汽车保险投保人是指与汽车保险人(即保险公司)订立保险合同，并按照保险合同负有支付保险费义务的人。

(2)汽车保险投保人应符合的条件

具有权利能力和行为能力的自然人或法人；与汽车具有利害关系，存在可保利益；具有缴纳保险费的能力。

(3)汽车保险投保人的义务

①如实填写汽车保险投保单，履行如实告知义务。在保险期间内，保险车辆改装、加装等，导致保险车辆危险程度增加的，应当及时书面通知汽车保险人。否则，因保险车辆危险程度增加而发生的保险事故，汽车保险人不承担赔偿责任。

②缴纳保险费义务。除另有约定外，汽车保险投保人应当在保险合同成立时一次足额支付保险费；保险费付清前发生的保险事故，保险人不承担赔偿责任。汽车保险投保人没有按照约定期限交付保险金的处理办法：要求汽车保险投保人限期缴纳并补交利息。汽车保险人可以决定终止合同并正式通知汽车保险投保人或被保险人，有权要求其支付终止合同前应该负担的保险费及利息。

③出险的施救与通知义务。发生保险事故时，汽车保险投保人应当及时采取合理的、必要的施救和保护措施，防止或者减少损失，并在保险事故发生后 48 小时内通知汽车保险人。否则，造成损失无法确定或扩大的部分，汽车保险人不承担赔偿责任。

④协助查勘、提交资料和证明义务。发生保险事故后，汽车保险投保人应当积极协助汽车保险人进行现场查勘。投保人在索赔时应当提供有关证明和资料。发生与保险赔偿有关的仲裁或者诉讼时，投保人应当及时书面通知保险人。

⑤协助追偿义务。因第三方对保险车辆的损害而造成保险事故的，汽车保险人自向汽车保险投保人赔偿保险金之日起，在赔偿金额范围内代位行使投保人向第三方请求赔偿的权利，但汽车保险投保人必须协助汽车保险人向第三方追偿。

(4)汽车保险投保人的基本权利

汽车保险投保人的基本权利包括保险金请求权和解约权。

(二)汽车保险合同的关系人

在财产保险合同中，合同的关系人仅仅指被保险人，而人身保险合同中的关系人除了保险人外，还有受益人。通常被保险人是一个，而受益人可以为多个。汽车保险合同是财产保险合同的一种，应当具有财产保险合同的一般特征，因而，汽车保险合同的关系人是被保险人。汽车保险被保险人是指其财产或者人身受汽车保险合同保障，享有保险金请求权的人。

1. 汽车保险被保险人的特征

(1)被保险人是因保险事故发生而遭受损失的人。在汽车保险合同中，被保险人是保险标的即保险车辆的所有人或具有相关利益的人。

(2)被保险人是享有保险金请求权的人。因为被保险人是保险事故发生后遭受损失的人，所以享有赔偿请求的权利，投保人不享有赔偿请求的权利。

2. 投保人与被保险人的关系

(1)投保人与被保险人是同一人的情形。在汽车保险中，投保人以自己的汽车投保，投保人同时也就是被保险人。

(2)投保人与被保险人不是同一人的情形。投保人以他人的汽车投保，保险合同一经成立，投保人与被保险人分属两者。在这种情况下，要求投保人与被保险人的财产损失具有直接的或间接的利益关系。

(三)汽车保险合同的中介人

汽车保险在承保与理赔中涉及的面较广，中间环节较多，因而在汽车保险合同的签订及其理赔过程中存在众多的社会中介组织，如汽车保险代理人、汽车保险经纪人、汽车保险公估人等。

1. 汽车保险合同的中介人的含义

汽车保险合同的中介人是指介于各保险人或保险人与投保人之间，专门从事汽车保险业务咨询与招揽、价值衡量与评估、损失鉴定与理算等中介服务活动，并从中获取手续费或佣金的单位和个人。

2. 汽车保险合同中介人的主体形式

(1)保险代理人，是指根据保险人的委托，向保险人收取代理手续费并在保险人授权的范围内办理保险业务的单位和个人。

①专业保险代理人。是指专门从事保险代理业务的保险代理有限责任公司。

②兼业保险代理人。是指接受保险人的委托，在从事自身业务的同时，指定专人为保险人代办保险业务的人。

③个人保险代理人。是指根据保险人的委托，向保险人收取手续费，并在保险人授权的范围内代为办理保险业务的个人。

(2)保险经纪人，是指基于投保人的利益，为投保人与保险人订立汽车保险合同或与汽车有关的人身保险合同提供中介服务，并依法收取佣金的单位和个人。在我国，保险经纪人的组织形式限于有限责任公司。

(3)保险公估人，是指受保险人、投保人或被保险人的委托，办理保险标的的查勘、鉴定、估损以及赔款的理算，并向委托人收取佣金的单位或个人，一般是指有限责任制的保险公估公司。

二、汽车保险合同的客体

汽车保险合同的客体是指汽车保险合同当事人双方权利和义务共同所指向的对象。汽车保险合同的客体不是保险标的本身，而是投保人或者被保险人对保险标的具有的合法的经济利害关系，即保险利益，也叫可保利益。合法的经济利害关系是指因标的的完好、健在而使利害关系人获得的经济利益，或因标的的损坏、伤害而使利害关系人遭受的经济损失和痛苦。保险利益是投保人投保签约的起因，也是保险人决定是否承保的标准。

保险利益与保险标的的含义不同，但二者又是相互依存的。投保人或被保险人在投保或索赔时，一般须对保险标的具有保险利益，否则保险人是不予承保或赔偿的。保险利益又以保险标的的存在为条件，体现在当保险标的存在时，投保人或被保险人对保险标的的经济利益也继续存在，当保险标的遭遇损失时，投保人或被保险人将蒙受经济上的损失。投保人或被保险人向保险人投保，要求经济保障的，不是保险标的本身，而是其保险标的所具有的经济上的利益。

三、汽车保险合同的内容

汽车保险合同的内容主要用来规定双方当事人所享有的权利和应承担的义务，它通过保险条款使这些权利和义务具体化。

保险合同的基本事项包括：

1．当事人的姓名和住所

当事人是保险合同权利的直接享有者和义务的承担者，他们的行为使保险合同得以产生，所以保险合同应该首先载明当事人(保险人和投保人)的姓名和住所。被保险人是保险合同保障的对象，无论与投保人是否同一，都应该在合同中载明其姓名和住所。投保人如是单位，则载明单位全称(与公章名称一致)；如是个人，则载明姓名。

2．保险标的

保险标的是作为保险对象的财产及其有关利益，是保险利益的载体。车辆损失险的保险标的是保险车辆，第三者责任险的保险标的是被保险人或其允许的合格驾驶员在使用保险车辆行驶的过程中给他人造成财产损失或人身伤害，依照法律及保险合同的规定应当承担的经济赔偿责任。

3．保险责任

保险责任是指保险人依据保险合同约定的必须承担赔偿或者给付保险金责任的风险项目。机动车辆保险合同中的保险责任采用列明方式，具体列明保险人承担哪些保险(责任)事故引起的损失赔偿(或责任赔偿)、施救、救助、诉讼等负担的规定。

4．责任免除

责任免除也称除外责任，是指根据法律规定和合同约定，保险人对某些风险造成的损失不承担赔偿保险金的责任。责任免除条款适当限制了保险人承担的保险责任范围，意味着被保险人要对某些风险自行承担责任。在保险合同中明确列明责任免除条款，对保险人和被保险人都十分重要。保险人在与投保人订立保险合同时，应当以十分明确的语言向投保人指明和解释责任免除条款，不得隐瞒或含糊其词。《保险法》第十七条明确规定：“对保险合同中免除保险人责任的条款，保险人在订立保险合同时应当在投保单、保险单或者其他保险凭证上作出足以引起投保人注意的提示，并对该条款的内容以书面或者口头形式向投保人作出明确说明；未作提示或者明确说明的，该条款不产生效力。”

5. 保险期限和保险责任开始时间

保险合同的保险期限是保险合同所持续的有效时间，从保险责任开始到保险责任终止的期间叫作保险期限。

保险责任开始时间也称保险合同生效时间，即保险人开始负责对被保险人发生的保险事故引起的损失赔偿的时间。

6. 保险人、投保人及被保险人的义务

汽车保险合同中明确了保险人、投保人及被保险人的义务，并且在合同中指明了任何一方违反义务时应承担的责任。

7. 保险金额

保险金额是指保险合同约定的保险人承担赔偿的最高限额。由于汽车损失保险是不定值保险，所以汽车损失保险金额可以由投保人和保险人协商确定，但不能超过汽车的实际价值。第三者责任险中可能涉及人身伤害事故赔偿的处理，而人的生命价值其实无法用货币度量，因此只能由投保人与保险人在订立第三者责任险时协商确定保险金额，作为发生保险事故时保险赔偿(第三者人身伤亡和财产毁损)的限额。

8. 保险费及其支付办法

保险费是投保人向保险人支付的、用以换取保险人承担保险责任而付出的代价。投保人向保险人支付保险费，是投保人与被保险人订立保险合同应尽的首要义务。一般情况下，汽车保险投保人只有交付了保险费以后，汽车保险合同才成立。

9. 保险金赔偿或给付办法

保险金赔偿或给付办法是保险合同约定的、发生保险事故时保险人向被保险人赔付保险金的计算方法。

10. 违约责任和争议处理

违约责任是指合同当事人违反合同义务时应当承担的民事责任。汽车保险合同当事人一方不履行合同义务或者履行合同义务不符合约定的，应当承担继续履行、采取补救措施或者赔偿损失等违约责任。

争议处理是指合同当事人双方对保险合同发生争议或纠纷时的处理方式，主要有协商、调解、仲裁和诉讼四种方式。一般情况下，双方当事人发生争议或纠纷时应该先采取协商的办法，在互谅的基础上寻找共同可以接受的条件，以达成和解的协议，消除争议。在协商不成的情况下，可以请第三方出面调解，请仲裁机构仲裁，直至到法院诉讼。

11. 订立保险合同的时间

订立保险合同的时间是合同成立的具体时间，说明保险合同双方就主要条款达成了一致，标志保险人认可投保人对保险标的具有保险利益、了解被保险人的风险状况、确认其符合保险条件，投保人接受保险人提出的保险条件。汽车保险合同成立的时间并不等同于合同生效时间，汽车保险合同的生效还要以某些附加条件的满足为依据。

子任务3　汽车保险合同的一般性法律规定

一、汽车保险合同的订立与生效

(一)汽车保险合同的订立

汽车保险合同的订立是投保人与保险人在平等自愿的基础上就汽车保险合同的主要条款经过协商最终达成协议的法律行为。汽车保险合同的订立须经过投保人提出要求和保险人同意两个阶段，这两个阶段即合同实践中的要约与承诺。

1. 要约

要约亦称“订约提议”，是指一方当事人向另一方当事人提出订立合同建议的法律行为。一个有效的要约应具备三个条件：要约须明确表示订约愿望；要约须具备合同的主要内容；要约在其有效期内对要约人具有约束力。汽车保险合同通常以投保人填写汽车投保单作为向保险公司提出投保意愿的要约形式。

2. 承诺

承诺又称“接受订约提议”，是承诺人向要约人表示同意与其缔结合同的意思表示。作出承诺的人称为承诺人或受约人。承诺满足下列条件时有效：承诺不附带任何条件，是无条件的；承诺须由受约人本人或其合法代理人作出；承诺须在要约的有效期内作出。在保险实务中，保险公司通过审核保险单决定是否接受投保人提出的保险业务，所以对保险公司来说，承诺就是保险公司承保的过程。

投保人要约与保险人承诺之后，汽车保险合同即告成立。按照我国现行的法律规定，汽车保险的保险期限通常为一年，在保险期满续保时，保险公司向保险人发出续保通知书，此即保险人向被保险人发出要约。如果保险人愿意继续在同一家保险公司投保，可以看作被保险人对保险人要约给予承诺，新的保险合同成立。

(二)汽车保险合同的成立与生效

保险合同的成立是指投保人与保险人就保险合同条款达成协议。汽车保险合同采用书面形式，自双方当事人签字或盖章时成立。

保险合同的生效是指保险合同对当事人双方发生约束力，即合同条款产生法律效力。

1. 保险合同生效的要件

(1)主体资格

①保险人资格。保险人必须是按照《保险法》规定设立的保险公司或其他保险组织，且从事汽车保险业务已经金融管理部门批准。

②投保人资格。投保人是指与保险人订立保险合同并按照保险合同负有支付保险费义务的人。投保人应具备的条件是：投保人须具有民事权利能力和民事行为能力；投保人须对保险标的具有保险利益；投保人须与保险人订立保险合同并按约定交付保险费。

③被保险人资格。被保险人是指其财产或者人身受保险合同保障，享有保险金请求权的人。被保险人应具备的条件是：被保险人须是财产或人身受保险合同保障的人；被保险人须享有保险金请求权。

(2)合同内容的合法性

合同条款必须符合法律规定。

(3)保险人和投保人的意思表示真实

除强制险外，保险人和投保人必须自愿订立汽车保险合同；合同当事双方必须完全履行如实告知义务。

(4)约定的其他生效条件

约定的其他生效条件包括保险期限、缴纳保险费方式等。

2. 保险合同生效的时间

保险合同生效的时间是保险人开始履行保险责任的时间。

我国的保险公司普遍推行商业保险“零时起保制”，把保险合同生效的时间定在合同成立日的次日零时。

二、汽车保险合同的变更、解除、终止

(一)汽车保险合同的变更

1. 保险合同变更的含义

保险合同的变更是指在保险合同有效期间，当事人依法对合同条款所作的修改或补充。

2. 保险合同变更的内容

(1)保险合同主体的变更。保险人分立或合并时，应该变更保险人；投保人或被保险人将保险标的转让给他人的，应该变更投保人或被保险人。

在财产保险中，合同主体的变更以保险标的转移为基础。

人身保险合同主体的变更，不以保险标的转移为基础，而主要取决于投保人或被保险人的主观意愿。

(2)保险合同客体的变更。保险合同客体变更的原因主要是出现了保险标的用途、危险程度的变化，保险价值明显增加或减少等情况，从而引起保险利益发生变化。保险合同客体的变更通常由投保人或被保险人提出，经保险人同意，加批后生效。

(3)保险合同内容的变更。保险合同内容的变更是指在主体不变的情况下改变合同中约定的事项。当投保人或被保险人提出增加或者减少保险费、改变保险费的支付方式、扩大或缩小责任范围和条件、扩大或缩小责任免除范围和条件、延长或缩短保险期限等要求时，会导致保险合同内容的变更。保险合同标的变更时，往往也会引起保险合同内容的变更。

3. 保险合同变更的形式

保险合同的变更必须采用书面形式，并经双方协商一致，才发生变更的效力。可以由

保险人在原保单或者其他保险单证上批注，也可以附贴批单，还可以就变更问题专门签订书面协议。

4. 保险合同变更的效力

根据国际惯例，手写批注的法律效力优于打字批注；打字批注的法律效力优于加贴的附加条款；加贴的附加条款的法律效力优于基本条款；旁注附加的法律效力优于正文附加。变更了的部分保险合同与原保险合同中未变更的部分内容重新组成一份完整的保险合同，当事人应以变更后的合同为依据履行各自的义务。

(二)汽车保险合同的解除

1. 保险合同解除的概念

保险合同的解除是指在保险合同生效后、有效期届满之前，一方当事人根据法律规定或当事人双方的约定行使解除权，从而提前结束合同效力的法律行为。

2. 保险合同解除的情形

(1)投保人解除汽车保险合同。《保险法》第十五条规定："除本法另有规定或者保险合同另有约定外，保险合同成立后，投保人可以解除合同，保险人不得解除合同。"因此，只要投保人和保险人在签订合同时没有就保险合同的解除作出约定，汽车保险投保人享有随时解除保险合同的权利和自由。在保险实务中，当汽车在交通事故中被其他车辆严重损伤，受损车辆的价值明显减少时，投保人可能提出解除保险合同。

《保险法》第五十四条规定："保险责任开始前，投保人要求解除合同的，应当按照合同约定向保险人支付手续费，保险人应当退还保险费。保险责任开始后，投保人要求解除合同的，保险人应当将已收取的保险费，按照合同约定扣除自保险责任开始之日起至合同解除之日止应收的部分后，退还投保人。"

(2)保险人解除汽车保险合同。保险人解除保险合同的权利一般受法律限制。汽车保险人可以依据如下法定条件行使合同解除权：投保人违反如实告知义务；保险标的危险程度增加的情况下，被保险人不立即通知保险人，并由于危险程度增加而导致损失；投保人、被保险人违反合同规定，未遵守国家有关消防、安全等方面的规定，对保险标的的安全不尽维护安全的责任；被保险人或投保人在未发生保险事故的情况下以口头或书面形式谎称发生了保险事故，向保险人提出赔偿；投保人、被保险人故意制造保险事故。

3. 保险合同解除的后果

保险合同解除后，合同效力消灭。

保险人解除保险合同的后果主要有：

(1)保险人由于投保人故意隐瞒事实，不履行如实告知义务而解除保险合同的，保险人对于保险合同解除前发生的保险事故不承担赔偿保险金的责任，并且不退还保险费。

(2)保险人由于投保人的过失未履行如实告知义务而解除保险合同的，保险人对于保险合同解除前发生的保险事故不承担赔偿保险金的责任，但是可以退还保险费。

(3)投保人或被保险人谎称发生了保险事故，并且向保险人提出赔偿保险金的，保险人有权解除保险合同，并不退还保险费。

(4)投保人或被保险人无论是直接故意还是间接故意，只要制造的事故属于保险合同约定的保险责任范围内，保险人都有权解除保险合同，并不承担赔偿保险金的责任。

（三）保险合同的终止

汽车保险合同终止是指保险合同权利和义务关系的绝对消灭。引起保险合同终止的情况主要包括以下几种：

1. 自然终止

保险合同的有效期届满，保险人承担的保险责任即告终止。自然终止是保险合同终止最普遍、最基本的方式。汽车保险合同的期限通常为一年，合同到期后，投保人如果续保，新的保险合同成立。

2. 因解除而终止

保险合同被解除是导致终止的又一个重要原因。当汽车保险合同双方当事人中的任何一方根据法律规定或者双方的约定行使合同的解除权，并以书面形式通知并送达对方当事人，合同的效力即行终止。或者双方当事人通过协商，达成解除合同的协议，合同的效力也即行终止。

3. 因义务已履行而终止

保险合同约定的保险事故发生，保险人履行了赔付保险金的全部责任，保险合同即告终止。这里的全部责任是指发生了保险人应当按约定的保险金额全部赔付的保险事故。保险人承担了保险合同约定的应承担的全部责任，因保险人履行了全部义务而导致合同终止。如保险车辆因一次事故全部损毁或推定全损，保险人给付保险赔偿金后，汽车保险合同即行终止。

三、保险合同的解释原则和争议处理

（一）保险合同的解释原则

保险合同的解释通常依据一定的原则，即保险合同解释的原则。它们是理解和说明保险合同应当遵循的基本准则。在保险合同的履行过程中，往往会出现保险双方当事人对合同的理解不同，在主张权利和义务时发生分歧及争议的情况。在这种情况下，采用合适的原则对合同的内容及其用词进行解释显得尤为重要。保险合同的解释应遵循以下几项原则：

1. 合法解释原则

解释合同的内容首先应该不违反国家的法律、行政法规。汽车保险合同当事人在对理解有分歧的汽车保险合同条款进行解释时不得违反法律法规的强制性规定。

2. 文义解释原则

文义解释是按照保险合同条款所使用文句的通常含义和保险法律法规及保险习惯，并结合合同的整体内容对保险合同条款所作的解释。同一合同出现的同一词的含义应一致。

3. 意图解释原则

保险合同是双方当事人意思表示一致的结果。因此，在解释合同时，必须尊重订立合同时双方当事人的真实意图。要根据订立合同时的背景、客观实际情况进行逻辑分析与演绎。

4. 整体解释原则

理解某个合同条款时，应把合同的某个条款放到整个合同中，根据双方订立合同的目的，结合合同其他条款的内容来确定具体合同条款的含义。即从合同的整体全面考虑，不能根据只言片语，断章取义。

5. 有利于被保险人的解释原则

对保险条款应作有利于非起草方的解释，也就是作有利于投保方的解释。《保险法》第三十条规定："采用保险人提供的格式条款订立的保险合同，保险人与投保人、被保险人或者受益人对合同条款有争议的，应当按照通常理解予以解释。对合同条款有两种以上解释的，人民法院或者仲裁机构应当作出有利于被保险人和受益人的解释。"

(二)保险合同的争议处理

1. 合同争议的概念

合同争议是保险合同双方就保险责任的归属问题、赔偿金数额，以及对保险条款的解释等产生异议，并发生了一定的纠纷。

2. 保险合同争议的处理方式

当保险合同产生争议纠纷的时候，可以采取和解、调解、仲裁以及诉讼的方式解决。汽车保险合同也不例外，也可以通过和解、调解、仲裁以及诉讼的方式解决汽车保险合同双方当事人之间的纠纷。

(1)和解。在争议发生后，双方当事人在平等、互相谅解的基础上对争议事项进行协商，取得共识，以解决纠纷。

(2)调解。调解是指在合同管理机关或法院的参与下，通过说服教育，使双方自愿达成协议、平息争端。

(3)仲裁。仲裁是指争议双方依仲裁协议，自愿将彼此的争议交由双方共同信任、法律认可的仲裁机构的仲裁员居中调解，并作出裁决，一裁终局。

(4)诉讼。诉讼是指保险合同的一方当事人按有关法律程序，通过法院对另一方提出权益主张，并要求法院予以解决和保护的请求处理争议的方法。

任务实施

1. 分组

将班级进行分组，一个小组的人数以 6～8 人为宜，小组的划分要充分考虑学习实力的均衡、性别、性格等问题，形成一个团结协作的团队。小组内 2 人形成一个组合，1 人扮演车主，另 1 人扮演汽车保险承保工作人员。

2. 小组讨论与交流

分小组进行讨论与交流，根据汽车保险承保岗位的职责要求，结合车主的实际情况为其介绍汽车保险合同的内容，解释汽车保险合同订立和解除业务。表 1-6 为小组讨论与交流的内容。

表 1-6　小组讨论与交流的内容

序号	讨论的要点	讨论的具体内容
1	汽车保险合同的主要内容	
2	汽车保险合同争议的处理方式	

3. 小组模拟训练

各小组以 2 人为一个组合开展模拟训练，1 人扮演车主，另 1 人扮演汽车保险承保工作人员，然后互换角色。先填写交强险和商业险保险单(详见图 1-3 和图 1-4)，再进行介绍。汽车保险承保工作人员要充分了解车主的需求，为车主答疑。小组成员共同讨论各组合模拟表现情况，不断改进。

4. 小组汇报评比

各小组对填写的保险单进行评比，教师随机抽取小组成员进行汇报。各小组先进行自评，找出自己的优势和不足；再进行小组间互评，找出不足；最后教师进行点评。表 1-7 为考核标准。

表 1-7　考核标准

序号	考核内容	考核要点	分值	小组自评（30%）	小组互评（40%）	教师点评（30%）	得分
1	保险单填写	内容是否清晰	10				
		重点是否突出	20				
		表述是否正确	30				
2	汇报表现	语言表达是否清晰	10				
		是否能运用所学知识帮助客户解决汽车保险合同方面的问题	20				
		仪容仪表是否得体	10				
合　计							

5. 个人小结

____

____

____

任务知识巩固

习题答案 1.3

一、单选题

1. 保险的法律性主要体现在(　　)。

A. 保险理赔　　　　B. 保险合同

C. 保险监管　　D. 保险纠纷

2. 保险合同的双方当事人是保险人和(　)。

A. 受益人　　B. 被保险人

C. 投保人　　D. 受益人

3. 保险人承担赔偿或给付保险责任金的最高限额称为(　)。

A. 保险金额　　B. 保险价值

C. 保险责任　　D. 保险范围

4. 投保人的最基本义务是(　)。

A. 赔偿或给付保险金　　B. 说明合同内容

C. 缴纳保险费　　D. 及时签单

5. 保险人的最基本义务是(　)。

A. 赔偿或给付保险金　　B. 说明合同内容

C. 缴纳保险费　　D. 及时签单

6. 保险合同的当事人包括(　)。

A. 保险人和被保险人　　B. 被保险人和投保人

C. 保险人和投保人　　D. 保险人和受益人

二、名词解释

1. 汽车保险合同的主体
2. 汽车保险合同的客体
3. 投保单
4. 保险单
5. 批单

三、简答题

1. 什么是汽车保险合同？汽车保险合同有哪些特征？
2. 简述汽车保险合同订立与生效的过程。
3. 简述汽车保险合同的变更与批改。
4. 简述汽车保险合同的解释原则。
5. 简述汽车保险合同争议的处理方式。

项目 2　汽车保险产品与营销

任务 1　机动车交通事故责任强制保险

任务分析

小周在工作后为自己买了一辆代步车用于上下班。作为新手，他知道交通事故责任强制保险(简称交强险)是必须投保的，但不清楚交强险的具体保险责任，也不知道投保后有什么用处。

小周的困惑是每一个新手车主都可能产生的。作为汽车保险销售人员，要想为客户解决问题，需要完成下列任务：

(1)为车主详细介绍交强险的保险责任和责任免除。

(2)简要介绍交强险的发展历史及与第三者责任险的区别。

(3)让车主熟悉交强险的保险费和赔款计算。

任务目标

(1)专业能力目标。①掌握交强险的保险责任和责任免除；②掌握交强险的特点及与第三者责任险的区别；③掌握交强险保险费的计算。

(2)方法能力目标。掌握交强险与第三者责任险的不同保险责任和责任免除。

(3)社会能力目标。能将所学的交强险知识应用于交通事故中涉及交强险赔付的一般情况。

任务知识链接

根据目前我国汽车保险的政策，在保险实务中，汽车保险因实施方式的不同分为汽车强制责任保险和汽车商业保险两大部分。

2006 年 7 月 1 日，我国开始实行《机动车交通事故责任强制保险条例》，机动车交通事故责任强制保险是我国首个由国家法律规定实行的强制保险制度。

子任务1 认识交强险

一、交强险的定义

机动车交通事故责任强制保险(简称交强险)，是指在被保险机动车发生道路交通事故，对本车人员和被保险人以外的受害者造成人身伤亡和财产损失时，由保险公司在责任限额内予以赔偿的一种强制性责任保险。

交强险的保障对象是被保险机动车致害的交通事故受害人，但不包括被保险机动车本车人员、被保险人。其保障内容包括受害人的人身伤亡和财产损失。交强险赔偿受害的第三方，而不是投保人或被保险车辆。

在中华人民共和国境内的道路上行驶的机动车的所有人或者管理人都应当投保交强险。

二、交强险的实施背景

《中华人民共和国道路交通安全法》(简称《道路交通安全法》)于2004年5月1日起正式施行。作为我国首部真正意义上的道路交通法规，其中的众多内容与机动车保险经营休戚相关，对财险业影响较大。

《道路交通安全法》第十七条规定：国家实行机动车第三者责任强制保险制度，设立道路交通事故社会救助基金。具体办法由国务院规定。

《道路交通安全法》第七十六条规定：机动车发生交通事故造成人身伤亡、财产损失的，由保险公司在机动车第三者责任强制保险责任限额范围内予以赔偿；不足的部分，按照下列规定承担赔偿责任：

(一)机动车之间发生交通事故的，由有过错的一方承担赔偿责任；双方都有过错的，按照各自过错的比例分担责任。

(二)机动车与非机动车驾驶人、行人之间发生交通事故，非机动车驾驶人、行人没有过错的，由机动车一方承担赔偿责任；有证据证明非机动车驾驶人、行人有过错的，根据过错程度适当减轻机动车一方的赔偿责任；机动车一方没有过错的，承担不超过百分之十的赔偿责任。

交通事故的损失是由非机动车驾驶人、行人故意碰撞机动车造成的，机动车一方不承担赔偿责任。

交强险是责任保险的一种，未实施之前，机动车商业第三者责任险(也称商业三者险)投保率比较低(2005年约为35%)，发生道路交通事故后，有的因没有保险保障或致害人支付能力有限，受害人往往得不到及时赔偿，造成大量经济赔偿纠纷。通过国家法律强制机动车所有人或管理人购买相应的责任保险，以提高商业三者险的投保面，在最大限度上为道路交通事故受害者提供及时和基本的保障。

2006年3月21日，《机动车交通事故责任强制保险条例》颁布，并于2006年7月1日起正式实施。

三、交强险的特征

与商业汽车责任保险相比，交强险有以下特征：

(1)突出“以人为本”，有利于道路交通事故受害人获得及时的经济赔付和医疗救治。

(2)体现“奖优罚劣”，通过费率浮动机制，促进驾驶员增强交通安全意识。

(3)坚持社会效益原则。不追求盈利，突出保障受害人利益，兼顾投保人、被保险人利益，相应弱化了保险人利益(有别于一般经济合同)。

(4)实施商业化运作。机动车交通事故责任强制保险条款费率由保险公司制定，保监会按照机动车交通事故责任强制保险业务总体上不盈利也不亏损的原则进行审批。

四、交强险与商业三者险的区别

1. 交强险具有强制性，商业三者险存在自愿性

交强险的强制性一方面体现在所有上路行驶的机动车的所有人或管理人都必须依法投保该险种，另一方面要求具有机动车交通事故责任强制保险经营资格的保险公司不能拒绝承保和随意解除合同。

2. 赔偿原则不同

商业三者险保险公司根据被保险人在交通事故中所承担的事故责任来确定其赔偿责任。对于交强险，无论被保险人是否在交通事故中负有责任，保险公司均按《机动车第三者责任强制保险条例》及机动车交通事故责任强制保险条款的具体要求在责任限额内予以赔偿。

3. 保障范围不同

商业三者险的保障范围比交强险小。商业三者险规定了不同的责任免除和免赔率。而交强险除被保险人故意造成交通事故等几项情况外，其保险责任几乎涵盖了所有道路交通风险，且不设免赔率与免赔额。

4. 保险费率不同

交强险按不盈不亏的原则制定保险费率，不以营利为目的，与其他保险业务分开管理、单独核算。

5. 赔偿限额不同

交强险实行分项责任限额制，且责任限额固定。交强险保险责任限额分为死亡伤残赔偿限额、医疗费用赔偿限额、财产损失赔偿限额以及被保险人在道路交通事故中无责任的赔偿限额。商业三者险只设定综合的责任限额，但责任限额可以分成不同的档次，由投保人自由选择。

6. 条款和基础费率各地不一

交强险具有统一性，实行全国统一条款和基础费率，并且费率与交通违章挂钩，而商业三者险的条款和基础费率在不同的地区有差异。

子任务2 解读交强险条款

一、总则

(1)根据《中华人民共和国道路交通安全法》《中华人民共和国保险法》《机动车交通事故责任强制保险条例》等法律、行政法规制定。

(2)交强险合同由相应条款与投保单、保险单、批单和特别约定共同组成。凡与交强险合同有关的约定，都应当采用书面形式。

(3)交强险费率实行与被保险机动车道路交通安全违法行为、交通事故记录相联系的浮动机制。

签订交强险合同时，投保人应当一次支付全部保险费。保险费按照中国银行保险监督管理委员会(以下简称银保监会)批准的交强险费率计算。

二、相关定义

(1)交强险合同中的被保险人是指投保人及其允许的合法驾驶人。投保人是指与保险人订立交强险合同，并按照合同负有支付保险费义务的机动车的所有人、管理人。

(2)交强险合同中的受害人是指因被保险机动车发生交通事故遭受人身伤亡或者财产损失的人，但不包括被保险机动车本车车上人员、被保险人。

(3)交强险合同中的责任限额是指被保险机动车发生交通事故，保险人对每次保险事故所有受害人的人身伤亡和财产损失所承担的最高赔偿金额。责任限额分为死亡伤残赔偿限额、医疗费用赔偿限额、财产损失赔偿限额以及被保险人在道路交通事故中无责任的赔偿限额。其中无责任的赔偿限额分为无责任死亡伤残赔偿限额、无责任医疗费用赔偿限额以及无责任财产损失赔偿限额。

(4)交强险合同中的抢救费用是指被保险机动车发生交通事故导致受害人受伤时，医疗机构对生命体征不平稳和虽然生命体征平稳但如果不采取处理措施会产生生命危险，或者导致残疾、器官功能障碍，或者导致病程明显延长的受害人，参照国务院卫生主管部门组织制定的交通事故人员创伤临床诊疗指南和国家基本医疗保险标准，采取必要的处理措施所发生的医疗费用。

三、保险责任

在中华人民共和国境内(不含港、澳、台地区)，被保险人在使用被保险机动车的过程中发生交通事故，致使受害人遭受人身伤亡或者财产损失，依法应当由被保险人承担的损害赔偿责任，保险人按照交强险合同的约定对每次事故在下列赔偿限额内负责赔偿：

(1)死亡伤残赔偿限额为 180000 元。

(2)医疗费用赔偿限额为 18000 元。

(3)财产损失赔偿限额为 2000 元。

(4)被保险人无责任时，无责任死亡伤残赔偿限额为 18000 元；无责任医疗费用赔偿限额为 1800 元；无责任财产损失赔偿限额为 100 元。

死亡伤残赔偿限额和无责任死亡伤残赔偿限额项下负责赔偿丧葬费、死亡补偿费、受害人亲属办理丧葬事宜支出的交通费用、残疾赔偿金、残疾辅助器具费、护理费、康复费、交通费、被扶养人生活费、住宿费、误工费，以及被保险人依照法院判决或者调解承担的精神损害抚慰金。

医疗费用赔偿限额和无责任医疗费用赔偿限额项下负责赔偿医药费、诊疗费、住院费、住院伙食补助费，必要的、合理的后续治疗费、整容费、营养费。

财产损失赔偿限额和无责任财产损失赔偿限额项下负责赔偿车辆损失费、路产损失、施救费等财产费用。

四、垫付与追偿

被保险机动车在下列(1)～(4)之一的情形下发生交通事故，造成受害人受伤需要抢救的，保险人在接到公安机关交通管理部门的书面通知和医疗机构出具的抢救费用清单后，按照国务院卫生主管部门组织制定的交通事故人员创伤临床诊疗指南和国家基本医疗保险标准进行核实。对于符合规定的抢救费用，保险人在医疗费用赔偿限额内垫付。被保险人在交通事故中无责任的，保险人在无责任医疗费用赔偿限额内垫付。对于其他损失和费用，保险人不负责垫付和赔偿：

(1)驾驶人未取得驾驶资格的。

(2)驾驶人醉酒的。

(3)被保险机动车被盗抢期间肇事的。

(4)被保险人故意制造交通事故的。

对于垫付的抢救费用，保险人有权向致害人追偿。

五、责任免除

下列损失和费用，交强险不负责赔偿和垫付：

(1)因受害人故意造成的交通事故的损失。

(2)被保险人所有的财产及被保险机动车上的财产遭受的损失。

(3)被保险机动车发生交通事故，致使受害人停业、停驶、停电、停水、停气、停产、通讯或者网络中断、数据丢失、电压变化等造成的损失以及受害人财产因市场价格变动造成的贬值、修理后因价值降低造成的损失等其他各种间接损失。

(4)因交通事故产生的仲裁或者诉讼费用以及其他相关费用。

六、保险期间

除国家法律、行政法规另有规定外，交强险合同的保险期间为一年，以保险单载明的起止时间为准。在一定的情形下，投保人可以投保短期机动车交通事故责任强制保险。

七、投保人、被保险人的义务

(1)投保人投保时，应当如实填写投保单，向保险人如实告知重要事项，并提供被保险机动车的行驶证和驾驶证复印件。重要事项包括机动车的种类、厂牌型号、识别代码、号牌号码、使用性质，机动车所有人或者管理人的姓名(名称)、性别、年龄、住所、身份证或者驾驶证号码(统一社会信用代码)，续保前该机动车发生事故的情况，以及银保监会规定的其他事项。

投保人未如实告知重要事项，对保险费计算有影响的，保险人按照保险单年度重新核定保险费计收。

(2)签订交强险合同时，投保人不得在保险条款和保险费率之外，向保险人提出附加其他条件的要求。

(3)投保人续保的，应当提供被保险机动车上一年度交强险的保险单。

(4)在保险合同有效期内，被保险机动车因改装、加装、使用性质改变等导致危险程度增加的，被保险人应当及时通知保险人，并办理批改手续。否则，保险人按照保险单年度重新核定保险费计收。

(5)被保险机动车发生交通事故，被保险人应当及时采取合理、必要的施救和保护措施，并在事故发生后及时通知保险人。

(6)发生保险事故后，被保险人应当积极协助保险人进行现场查勘和事故调查。发生与保险赔偿有关的仲裁或者诉讼时，被保险人应当及时书面通知保险人。

八、赔偿处理

(1)被保险机动车发生交通事故的，由被保险人向保险人申请赔偿保险金。被保险人索赔时，应当向保险人提供以下材料：

①交强险的保险单。

②被保险人出具的索赔申请书。

③被保险人和受害人的有效身份证明、被保险机动车行驶证和驾驶人的驾驶证。

④公安机关交通管理部门出具的事故证明，或者人民法院等机构出具的有关法律文书及其他证明。

⑤被保险人根据有关法律法规规定选择自行协商方式处理交通事故的，应当提供依照《交通事故处理程序规定》规定的记录交通事故情况的协议书。

⑥受害人财产损失程度证明、人身伤残程度证明、相关医疗证明以及有关损失清单和

费用单据。

⑦其他与确认保险事故的性质、原因、损失程度等有关的证明和资料。

(2)保险事故发生后，保险人按照国家有关法律法规规定的赔偿范围、项目和标准以及交强险合同的约定，并根据国务院卫生主管部门组织制定的交通事故人员创伤临床诊疗指南和国家基本医疗保险标准，在交强险的责任限额内核定人身伤亡的赔偿金额。

(3)因保险事故造成受害人人身伤亡的，未经保险人书面同意，被保险人自行承诺或支付的赔偿金额，保险人在交强险责任限额内有权重新核定。

因保险事故损坏的受害人财产需要修理的，被保险人应当在修理前会同保险人检验，协商确定修理或者更换项目、方式和费用。否则，保险人在交强险责任限额内有权重新核定。

(4)被保险机动车发生涉及受害人受伤的交通事故，因抢救受害人需要保险人支付抢救费用的，保险人在接到公安机关交通管理部门的书面通知和医疗机构出具的抢救费用清单后，按照国务院卫生主管部门组织制定的交通事故人员创伤临床诊疗指南和国家基本医疗保险标准进行核实。对于符合规定的抢救费用，保险人在医疗费用赔偿限额内支付。被保险人在交通事故中无责任的，保险人在无责任医疗费用赔偿限额内支付。

九、合同变更与终止

(1)在交强险合同有效期内，被保险机动车所有权发生转移的，投保人应当及时通知保险人，并办理交强险合同变更手续。

(2)在下列三种情况下，投保人可以要求解除交强险合同：

①被保险机动车被依法注销登记的。

②被保险机动车办理停驶的。

③被保险机动车经公安机关证实丢失的。

交强险合同解除后，投保人应当及时将保险单、保险标志交还保险人；无法交回保险标志的，应当向保险人说明情况，征得保险人同意。

(3)发生《机动车交通事故责任强制保险条例》所列明的投保人、保险人解除交强险合同的情况时，保险人按照日费率收取自保险责任开始之日起至合同解除之日止期间的保险费。

十、附则

(1)因履行交强险合同发生争议的，由合同当事人协商解决。协商不成的，提交保险单载明的仲裁委员会仲裁。保险单未载明仲裁机构或者争议发生后未达成仲裁协议的，可以向人民法院起诉。

(2)交强险合同争议处理适用中华人民共和国法律。

(3)本条款未尽事宜，按照《机动车交通事故责任强制保险条例》执行。

子任务3 交强险费率

银保监会下发的《关于实施车险综合改革的指导意见》于2020年9月19日开始实施。

一、交强险基础费率(表2-1)及说明

表2-1 交强险的基础费率

车辆种类	序号	车辆明细分类	保费(元)
一、家庭自用车	1	家庭自用汽车(6座以下)	950
	2	家庭自用汽车(6～10座)	1100
二、非营业客车	3	企业非营运汽车(6座以下)	1000
	4	企业非营运汽车(6～10座)	1130
	5	企业非营运汽车(10～20座)	1220
	6	企业非营运汽车(20座以上)	1270
	7	机关非营运汽车(6座以下)	950
	8	机关非营运汽车(6～10座)	1070
	9	机关非营运汽车(10～20座)	1140
	10	机关非营运汽车(20座以上)	1320
三、营业客车	11	营业出租租赁(6座以下)	1800
	12	营业出租租赁(6～10座)	2360
	13	营业出租租赁(10～20座)	2400
	14	营业出租租赁(20～36座)	2560
	15	营业出租租赁(36座以上)	3530
	16	营业城市公交(6～10座)	2250
	17	营业城市公交(10～20座)	2520
	18	营业城市公交(20～36座)	3020
	19	营业城市公交(36座以上)	3140
	20	营业公路客运(6～10座)	2350
	21	营业公路客运(10～20座)	2620
	22	营业公路客运(20～36座)	3420
	23	营业公路客运(36座以上)	4690

续表2-1

车辆种类	序号	车辆明细分类	保费(元)
四、非营业货车	24	非营业货车2吨以下	1200
	25	非营业货车2～5吨	1470
	26	非营业货车5～10吨	1650
	27	非营业货车10吨以上	2220
五、营业货车	28	营业货车2吨以下	1850
	29	营业货车2～5吨	3070
	30	营业货车5～10吨	3450
	31	营业货车10吨以上	4480
六、特种车	32	特种车一	3710
	33	特种车二	2430
	34	特种车三	1080
	35	特种车四	3980
七、摩托车	36	摩托车(50CC及以下)	80
	37	摩托车[50CC～250CC(含)]	120
	38	摩托车(250CC以上及侧三轮)	400
八、拖拉机	39	兼用型拖拉机(14.7kW及以下)	实行地区差别费率
	40	兼用型拖拉机(14.7kW以上)	
	41	运输型拖拉机(14.7kW及以下)	
	42	运输型拖拉机(14.7kW以上)	

交强险基础费率表的结构、费率水平全国统一(拖拉机和低速载货汽车除外)。现将表2-1中需说明的事项明确如下:

1. 机动车种类

交强险按机动车种类、使用性质分为家庭自用车、非营业客车、营业客车、非营业货车、营业货车、特种车、摩托车和拖拉机8种类型。

(1)家庭自用车。家庭自用车是指家庭或个人所有，且用途为非营业性的客车。

(2)非营业客车。非营业客车是指党政机关、企事业单位、社会团体、使领馆等机构从事公务或在生产经营活动中不以直接或间接方式收取运费或租金的客车，包括党政机关、企事业单位、社会团体、使领馆等机构为从事公务或在生产经营活动中承租且租赁期限为1年或1年以上的客车。

非营业客车分为党政机关客车、事业团体客车、企业客车。

用于驾驶教练、邮政公司用于邮递业务、快递公司用于快递业务的客车，警车，普通囚车，医院的普通救护车，殡葬车，按照其行驶证上载明的核定载客数，适用对应的非营业客车的费率。

(3)营业客车。营业客车是指用于旅客运输或租赁，并以直接或间接方式收取运费或租金的客车。

营业客车分为城市公交客车、公路客运客车、出租和租赁客车。

旅游客运车按照其行驶证上载明的核定载客数，适用对应的公路客运车费率。

(4)非营业货车。非营业货车是指党政机关、企事业单位、社会团体自用或仅用于个人及家庭生活，不以直接或间接方式收取运费或租金的货车(包括客货两用车)。货车是指载货机动车、厢式货车、半挂牵引车、自卸车、电瓶运输车、装有起重机械但以载重为主的起重运输车。

用于驾驶教练、邮政公司用于邮递业务、快递公司用于快递业务的货车，按照其行驶证上载明的核定载重量，适用对应的非营业货车的费率。

(5)营业货车。营业货车是指用于货物运输或租赁，并以直接或间接方式收取运费或租金的货车(包括客货两用车)。

(6)特种车。特种车是指用于装载油料、气体、液体等的专用罐车，或用于清障、清扫、清洁、起重、装卸(不含自卸车)、升降、搅拌、挖掘、推土、压路等的各种专用机动车，或适用于装有冷冻或加温设备的厢式机动车，或车内装有固定专用仪器设备，从事专业工作的监测、消防、运钞、医疗、电视转播、雷达、X 光检查等机动车，或专门用于牵引集装箱箱体(货柜)的集装箱拖头。

特种车按其用途可分成四类，不同类型的特种车采用不同的收费标准。四类特种车如下：

①特种车一：油罐车、汽罐车、液罐车。

②特种车二：专用净水车、特种车一以外的罐式货车，以及用于清障、清扫、清洁、起重、装卸(不含自卸车)、升降、搅拌、挖掘、推土、冷藏、保温等的各种专用机动车。

③特种车三：装有固定专用仪器设备从事专业工作的监测、消防、运钞、医疗、电视转播等的各种专用机动车。

④特种车四：集装箱拖头。

(7)摩托车。摩托车是指以燃料或电瓶为动力的各种两轮、三轮摩托车。摩托车分成三类：50CC 及以下、50～250CC(含)、250CC 以上及侧三轮。正三轮摩托车按照排气量分类采用相应的费率。

(8)拖拉机。拖拉机按使用性质分为兼用型拖拉机和运输型拖拉机。

兼用型拖拉机是指以田间作业为主，通过铰接连接牵引挂车可进行运输作业的拖拉机。兼用型拖拉机分为 14.7kW 及以下和 14.7kW 以上两种。

运输型拖拉机是指货箱与底盘一体，不通过牵引挂车可进行运输作业的拖拉机。运输型拖拉机分为 14.7kW 及以下和 14.7kW 以上两种。

低速载货汽车参照运输型拖拉机 14.7kW 以上的费率执行。

(9)补充说明

需要说明的是，交强险基础费率表中各车型的座位和吨位的分类都按照含起点不含终点的原则来解释(表中另有说明的除外)。各车型的座位按行驶证上载明的核定载客数计算，吨位按行驶证上载明的核定载重量计算。

2. 基础保险费的计算

(1)一年期基础保险费的计算。投保一年期交强险的，根据交强险基础费率表中对应的金额确定基础保险费。

(2)短期基础保险费的计算。机动车投保保险期间不足一年的交强险，按短期费率系数计收保险费。具体为：先按交强险基础费率表中相对应的金额确定基础保险费，再根据投保期限选择相对应的短期费率系数，两者相乘即为短期基础保险费。

投保人投保保险期间小于 7 日短期险的计算公式如下：

短期基础保险费＝基础保险费×7/365

投保人投保保险期间大于或等于 7 日短期险的计算公式如下：

短期基础保险费＝基础保险费×n/365(n 为投保人的投保天数)

交强险短期投保的保险期限内未发生道路交通事故的，投保下一完整年度交强险时，交强险费率不下浮。

摩托车、拖拉机投保保险期间不足一年的交强险，按短期费率系数计收保险费，不足一个月按一个月计算。具体计算方法为：先按交强险基础费率表中相对应的金额确定基础保险费，再根据投保期限选择相对应的短期月费率系数(表 2-2)，两者相乘即为短期基础保险费。具体计算公式为：

短期基础保险费＝年基础保险费×短期月费率系数

表 2-2　短期月费率系数

保险期间(月)	1	2	3	4	5	6	7	8	9	10	11	12
短期月费率系数(%)	10	20	30	40	50	60	70	80	85	90	95	100

二、保险费的计算方法

保险费的相关计算公式如下：

保险费＝基准保险费×费率调整系数

费率调整系数＝无赔款优待系数×交通违法系数

影响交强险费率浮动的因素有两个：无赔款优待系数和交通违法系数。

1. 无赔款优待系数(表 2-3)

表 2-3　交强险无赔款优待系数

有责任道路交通事故数	交强险无赔款优待系数				
	A 区	B 区	C 区	D 区	E 区
最近三年 0 起	−50%	−45%	−40%	−35%	−30%
最近两年 0 起	−40%	−35%	−30%	−25%	−20%
最近一年 0 起	−30%	−25%	−20%	−15%	−10%
上年有 1 起(不涉及死亡)	0%	0%	0%	0%	0%
上年超过 1 起(不涉及死亡)	10%	10%	10%	10%	10%
上年有涉及死亡交通事故	30%	30%	30%	30%	30%

表 2-3 中，A～E 区各指：

A 区：内蒙古、海南、青海、西藏。

B 区：陕西、云南、广西。

C 区：甘肃、吉林、山西、黑龙江、新疆。

D 区：北京、天津、河北、宁夏。

E 区：江苏、浙江、安徽、上海、湖南、湖北、江西、辽宁、河南、福建、重庆、山东、广东、深圳、厦门、四川、贵州、大连、青岛、宁波。

2. 交通违法系数

目前交通违法系数只涉及上海、江苏、北京、深圳四个地区，具体见表 2-4。

表 2-4　交强险交通违法系数

地区	交通违法系数
上海	0.9～1.1
江苏	0.9～1.5
北京	1～1.45
深圳	1～1.5

子任务 4　交强险赔款的计算

一、基本计算公式

保险人在交强险各分项赔偿限额内，对受害人的死亡伤残费用、医疗费用、财产损失分别计算赔偿，其计算公式分别为：

$$总赔款 = \sum 各分项损失赔款 = 死亡伤残费用赔款 + 医疗费用赔款 + 财产损失赔款$$

各分项损失赔款为各分项核定损失承担金额，即：

死亡伤残费用赔款＝死亡伤残费用核定承担金额

医疗费用赔款＝医疗费用核定承担金额

财产损失赔款＝财产损失核定承担金额

各分项核定损失承担金额超过交强险各分项赔偿限额的，各分项损失赔款等于交强险各分项赔偿限额。

注："受害人"为被保险机动车的受害人，不包括被保险机动车车上人员、被保险人，下同。

二、保险事故涉及多个受害人的情形

(1)基本计算公式中的相应项目表示为：

$$各分项损失赔款 = \sum 各受害人各分项核定损失承担金额$$

即：

$$死亡伤残费用赔款 = \sum 各受害人死亡伤残费用核定承担金额$$

$$医疗费用赔款 = \sum 各受害人医疗费用核定承担金额$$

$$财产损失赔款 = \sum 各受害人财产损失核定承担金额$$

(2)各受害人各分项核定损失之和在被保险机动车交强险分项赔偿限额之内的，按实际损失计算赔偿。

(3)各受害人各分项核定损失承担金额之和超过被保险机动车交强险相应分项赔偿限额的，各分项损失赔款等于交强险各分项赔偿限额。

(4)各受害人各分项核定损失承担金额之和超过被保险机动车交强险相应分项赔偿限额的，各受害人在被保险机动车交强险分项赔偿限额内应得到的赔偿为：

$$\begin{matrix}被保险机动车交强险\\对某一受害人分项损\\失的赔偿金额\end{matrix} = \begin{matrix}交强险\\分项赔偿\\限额\end{matrix} \times \left[\begin{matrix}事故中某一受害\\人的分项核定损\\失承担金额\end{matrix} \Bigg/ \left(\sum \begin{matrix}各受害人\\分项核定损失\\承担金额\end{matrix}\right)\right]$$

三、保险事故涉及多辆肇事机动车的情形

(1)各被保险机动车的保险人分别在各自的交强险各分项赔偿限额内，对受害人的分项损失计算赔偿。

(2)各方机动车按其适用的交强险分项赔偿限额占总分项赔偿限额的比例，对受害人的各分项损失进行分摊。

$$\begin{matrix}某分项核定\\损失承担金额\end{matrix} = \begin{matrix}该分项\\损失金额\end{matrix} \times \begin{matrix}适用的交强险\\该分项赔偿限额\end{matrix} \Bigg/ \left(\sum \begin{matrix}各致害方交强险\\该分项赔偿限额\end{matrix}\right)$$

注：①肇事机动车中的无责方车辆，不参与对其他无责方车辆和车外财产损失的赔偿计算，仅参与对有责车辆损失或车外人员伤亡损失的赔偿计算。

②无责方车辆对有责方车辆损失应承担的赔偿金额，由有责方在本方交强险无责任财产损失赔偿限额项下代赔。

一方全责，一方无责的，无责方对全责方车辆损失应承担的赔偿金额为全责方车辆损失，以交强险无责任财产损失赔偿限额为限。

一方全责，多方无责的，无责方对全责方车辆损失应承担的赔偿金额为全责方车辆损失，以各无责方交强险无责任财产损失赔偿限额之和为限。

多方有责，一方无责的，无责方对各有责方车辆损失应承担的赔偿金额以交强险无责任财产损失赔偿限额为限，在各有责方车辆之间平均分配。

多方有责，多方无责的，无责方对各有责方车辆损失应承担的赔偿金额以各无责方交强险无责任财产损失赔偿限额之和为限，在各有责方车辆之间平均分配。

③肇事机动车中应投保交强险而未投保的车辆，视同投保机动车参与计算。

④对于相关部门最终未进行责任认定的事故，统一适用有责任限额计算。

(3)肇事机动车均有责任且适用同一限额的，简化为各方机动车对受害人的各分项损失进行平均分摊：

①对于受害人的机动车、机动车上人员、机动车上财产损失：

$$某分项核定损失承担金额=受害人的该分项损失金额\div(N-1)$$

②对于受害人的非机动车、非机动车上人员、行人、机动车外财产损失：

$$某分项核定损失承担金额=受害人的该分项损失金额\div N$$

注：N 为事故中所有肇事机动车的数量；肇事机动车中应投保交强险而未投保的车辆，视同投保机动车参与计算。

(4)初次计算后，如果有致害方交强险限额未赔足，同时有受害方损失没有得到充分补偿，则对受害方的损失在交强险剩余限额内再次进行分配，在交强险限额内补足。对于待分配的各项损失合计没有超过剩余赔偿限额的，按分配结果赔付各方；超过剩余赔偿限额的，则按每项分配金额占各项分配金额总和的比例乘以剩余赔偿限额分摊；直至受损各方均得到足额赔偿或应赔付方交强险无剩余限额。

四、受害人财产损失需要施救的情形

受害人财产损失需要施救的，财产损失赔款与施救费累计不超过财产损失赔偿限额。

五、主车和挂车在连接使用时发生交通事故的情形

主车和挂车在连接使用时发生交通事故，主车与挂车的交强险保险人分别在各自的责任限额内承担赔偿责任

若交通管理部门未确定主车、挂车应承担的赔偿责任，主车、挂车的保险人对各受害人的各分项损失平均分摊，并在对应的分项赔偿限额内计算赔偿。

主车与挂车由不同的被保险人投保的，在连接使用时发生交通事故，按互为三者的原则(即主车与挂车相互视为第三方，而不是同一保险人)处理。

六、精神损害抚慰金的赔偿

对被保险人依照法院判决或者调解承担的精神损害抚慰金，原则上在其他赔偿项目足额赔偿后，在死亡伤残赔偿限额内赔偿。

七、死亡伤残费用和医疗费用的核定标准

按照《最高人民法院关于审理人身损害赔偿案件适用法律若干问题的解释》规定的赔偿范围、项目和标准，公安部颁布的《道路交通事故受伤人员伤残评定》和《道路交通事故人员临床诊疗指南》，以及交通事故发生地的基本医疗标准核定人身伤亡的赔偿金额。

八、交强险赔款计算案例

【例】 A、B 两机动车发生交通事故，A 车负主要责任，B 车负次要责任。A、B 两车车损分别为 1800 元、5000 元，B 车车上人员医疗费用 7000 元，死亡伤残费用 60000 元。请计算相关交强险赔偿金额。

1. A 车交强险金额计算

A 车交强险金额＝B 车车上人员死亡伤残费用核定承担金额＋B 车车上人员医疗费用核定承担金额＋B 车财产损失核定承担金额

(1)B 车车上人员死亡伤残费用核定承担金额 60000 元＜交强险有责任的死亡伤残费用赔偿限额 180000 元，所以 A 车应赔 60000 元。

(2)B 车车上人员医疗费用核定承担金额 7000 元＜交强险有责任的医疗费用赔偿限额 18000 元，所以 A 车应赔 7000 元。

(3)B 车财产损失核定承担金额 5000 元＞交强险有责任的财产赔偿限额 2000 元，所以赔偿额为 2000 元。

(4)A 车交强险赔偿金额＝60000＋7000＋2000＝69000(元)。

2. B 车交强险赔偿金额计算

B 车交强险赔偿金额＝A 车损核定承担金额 1800 元

该金额小于财产损失赔偿限额 2000 元，故赔偿金额为 1800 元。

【例】 A、B 两机动车发生交通事故，A 车全责，B 车无责，A、B 两车车损分别为 2000 元、5000 元，另造成路产损失 1000 元。请计算 A、B 两车的交强险赔偿金额。

1. A 车交强险赔偿金额计算

A 车交强险赔偿金额＝B 车损失核定承担金额＋路产损失核定承担金额

＝5000＋1000＝6000(元)

该金额大于财产损失赔偿限额 2000 元，按限额赔偿，赔偿金额为 2000 元。

2. B车交强险赔偿金额计算

B车交强险赔偿金额＝A车损失核定承担金额＝2000(元)

该金额大于无责任财产损失赔偿限额100元，按限额赔偿，赔偿金额为100元。

B车对A车损失应承担的100元赔偿金额，由A车保险人在交强险无责任财产损失赔偿限额项下代赔。

保险事故涉及多个受害人的，在所有受害人均提出索赔申请，且受害人所有材料全部提交后，保险人方可计算赔偿金额。

【例3】 A车肇事造成两行人甲、乙受伤，甲的医疗费用为7500元，乙的医疗费用为5000元。设A车适用的交强险医疗费用赔偿限额为18000元，计算A车交强险对甲、乙的赔偿金额。

甲的医疗费用与乙的医疗费用之和：7500＋5000＝12500(元)

该费用小于适用的交强险医疗费用赔偿限额18000元，故A车交强险赔偿金额为12500元。

甲获得的交强险赔偿金额：18000×7500/(7500＋5000)＝10800(元)

乙获得的交强险赔偿金额：18000×5000/(7500＋5000)＝7200(元)

子任务5　特殊案件处理

一、满限额提前结案处理机制

1. 适用条件

同时满足以下条件，属于交强险赔偿责任的事故：

(1)涉及人员伤亡，医疗费用支出已超过交强险医疗费用赔偿限额或估计死亡伤残费用明显超过交强险死亡伤残赔偿限额。

(2)被保险人申请并提供了必要的单据。

2. 基本原则

对于涉及人员伤亡的事故，损失金额明显超过保险车辆适用的交强险医疗费用赔偿限额或死亡伤残赔偿限额的，保险公司可以根据被保险人的申请及相关证明材料，在交强险限额内先予赔偿结案，待事故处理完毕、损失金额确定后，再在商业险项下对剩余部分进行赔偿。

相关证明材料包括：

(1)索赔申请书、机动车行驶证、机动车驾驶证、被保险人身份证明、领取赔款人身份证明。

(2)交通事故责任认定书。

(3)人员费用证明：医院诊断证明、医疗费报销凭证、死亡证明、被扶养人证明等。

3. 基本流程

(1)被保险人提出索赔申请。

(2)被保险人提供必要单证。

(3)保险公司在收到索赔申请和相关单证后进行审核，对于根据现有材料能够确定赔款金额明显超过医疗费用限额或死亡伤残限额的案件，应由医疗审核人员签署意见，在5日内先予支付赔款。不再涉及交强险赔付的，对交强险进行结案处理。

二、交通事故责任未确定案件的抢救费用支付

保险公司收到受害人抢救费用支付申请时，被保险人在交通事故中是否有责任尚未明确的，在无责任医疗费用赔偿限额内支付抢救费用。

在道路交通管理部门能够确认被保险人在交通事故中负有责任后，保险公司应及时在交强险医疗费用赔偿限额内补充应垫付的抢救费用。

三、交通事故中死者为无名氏的交强险赔偿

交通事故中死亡人员身份无法确认的，其交强险赔偿金由道路交通事故社会救助基金管理机构提存保管。

无法由道路交通事故社会救助基金管理机构提存的，保险公司可以对已产生的费用，如医疗费、丧葬费，按照交强险赔偿标准凭票据赔偿，其他项目原则上不应向无赔偿请求权的个人或机构赔偿，可以根据法律文书另行处理。

四、无责代赔

交强险无责代赔是一种交强险简化处理机制，即两方或多方机动车互碰，对于应由无责方交强险承担的对全责/有责方车辆损失的赔偿责任，由全责/有责方保险公司在本方交强险项下代为赔偿。交强险无责代赔的前提是双方均买了交强险。

交强险“无责代赔”的处理原则为：

(1)“无责代赔”仅适用于对全责/有责方车辆损失部分的赔偿，对于人员伤亡损失不进行代赔。

(2)对于应由无责方交强险承担的对全责/有责方车辆损失的赔偿责任，由全责/有责方承保公司在单独的交强险无责任财产损失代赔偿限额内代赔，不占用普通的交强险赔偿限额。

事故涉及多方车辆的，代赔偿限额为无责方交强险无责任财产损失赔偿限额之和，在各有责方之间平均分配。代赔偿限额的计算公式为：

代赔偿限额＝无责方车辆数×无责任财产损失赔偿限额/有责方车辆数

①一方全责，一方无责的，代赔偿限额为交强险无责任财产损失赔偿限额。

②一方全责，多方无责的，代赔偿限额为各无责方交强险无责任财产损失赔偿限额之和。

③多方有责，一方无责的，代赔偿限额为交强险无责任财产损失赔偿限额除以有责方

车辆数。

④多方有责，多方无责的，代赔偿限额为各无责方交强险无责任财产损失赔偿限额之和除以有责方车辆数。

(3)事故涉及多个无责车辆的，所有无责方视为一个整体。

各无责车辆不参与对其他无责车辆损失和车外财产损失的赔偿计算，仅参与对全责/有责车辆损失或本车以外人员伤亡损失的赔偿计算。在计算各方车辆的核定损失承担金额时，应首先扣除无责代赔的部分，再对剩余部分损失进行分摊计算。

(4)无责代赔后，各保险公司之间不进行清算。

五、保险法的相关规定

保险人对责任保险的被保险人给第三者造成的损害，可以依照法律的规定或者合同的约定，直接向该第三者赔偿保险金。

责任保险的被保险人给第三者造成损害，被保险人对第三者应负的赔偿责任确定的，根据被保险人的请求，保险人应当直接向该第三者赔偿保险金。被保险人怠于请求的，第三者有权就其应获赔偿部分直接向保险人请求赔偿保险金。

责任保险的被保险人给第三者造成损害，被保险人未向该第三者赔偿的，保险人不得向被保险人赔偿保险金。

责任保险是指以被保险人对第三者依法应负有的赔偿责任为保险标的的保险。

任务实施

1. 分组

将班级进行分组，一个小组的人数以6～8人为宜，小组的划分要充分考虑学习实力的均衡、性别、性格等问题，形成一个团结协作的团队。小组内2人形成一个组合，1人扮演车主，另1人扮演汽车保险销售人员。

2. 小组讨论与交流

分小组进行讨论与交流，根据汽车保险销售岗位的职责要求，结合车主的实际情况为其介绍交强险的保险责任和责任免除，解释交强险保险费的计算方法。

(1)交强险各分项赔偿限额(表2-5)

表2-5　交强险各分项赔偿限额

赔偿限额种类	有责任	无责任
死亡伤残赔偿限额		
医疗费用赔偿限额		
财产损失赔偿限额		
合　计		

(2)结合车主所在地的实际情况介绍新车主第一年投保交强险的保险费。

3. 小组模拟训练

各小组以 2 人为一个组合开展模拟训练，1 人扮演车主，另 1 人扮演汽车保险销售人员，然后再互换角色。先复习交强险保险单的内容，再进行介绍。小组成员共同讨论各组合的模拟表现情况，教师随机抽取小组内代表进行汇报。

4. 小组汇报评比

各小组制作 PPT 进行评比。各小组先进行自评，找出自己的优势和不足；再进行小组间互评，找出不足；最后由教师进行点评。表 2-6 为考核标准。

表 2-6　考核标准

序号	考核内容	考核要点	分值	小组自评（30%）	小组互评（40%）	教师点评（30%）	得分
1	PPT 考核	制作是否美观，布局是否合理	10				
		内容是否清晰，重点是否突出	20				
		内容表述是否正确	30				
2	汇报表现	语言表达是否清晰	10				
		是否能运用所学知识帮助客户解决交强险的疑问	20				
		仪容仪表是否得体	10				
合　计							

5. 个人小结

____

____

____

任务拓展

现在的车主都知道机动车上路必须投保交强险，交强险的作用已逐渐被社会认可。但是，在交强险的理赔应用方面，有许多车主还存在着一定的误区。

交强险是机动车交通事故责任强制保险的简称，是我国首个由国家法律规定实行的强制保险制度，不仅有利于道路交通事故受害人获得及时、有效的经济保障和医疗救治，而且有助于减轻交通事故肇事方的经济负担。但交强险的强制性并不表示在任何情况下，只要发生了交通事故，造成第三者人身或财产损失，保险公司均要按交强险予以赔付。下面通过王先生的交强险理赔案例让大家了解最常见的交强险免赔情况之一。

2021 年 6 月 11 日，王先生参加完聚会后驾驶自己的捷达车往家赶。在经过一个路口时，不小心与一辆自行车发生碰撞，造成骑车人受伤及车辆损坏。经交警部门认定，王先生醉酒后驾车上路行驶，是导致涉案交通事故的主要过错方，负事故的主要责任，骑车人负事故的次要责任。在依法对王先生进行处罚的同时，经交警调解，王先生赔偿骑车人的医药费、误工费、护理费等相关费用 13000 余元。事后，王先生带着相关资料到保险公司办理交强险理赔时遭到保险公司的拒赔。

虽然保险公司向王先生解释了相关的条款，但王先生仍然无法理解，一纸诉状把保险公司告上了法庭。

法院对原被告双方所提交的申诉、答辩材料进行了仔细的审阅，并到交警部门提取了相关资料。经仔细研究后，法院根据相关条款做出了如下判决：原告醉酒驾驶的行为是对人对己极不负责任的违法行为，因此交通事故产生的法律责任包括经济损失应当由原告自行承担。依照《机动车交通事故责任强制保险条例》第二十二条的规定，法院作出如下判决：驳回原告的诉讼请求，案件受理费由原告负担。

通过王先生的交强险理赔案例可以看出，交强险是有一定的免赔条款的，不要错误地认为只要有交强险，保险公司就会无条件地赔付。尤其是酒后开车，更是害人害己，提醒广大驾驶人牢记“酒后莫开车”！

任务知识巩固

习题答案 2.1

一、单选题

1. 一辆 6 座以下的家用轿车，在一个保险年度出了 5 次有责任但未涉及死亡的交通事故，下一年度应交纳的保险费为(　)。

A. 950 元　　B. 760 元

C. 1045 元　　D. 1235 元

2. 一辆 6 座以下的家用轿车交强险的基础保险费是(　)。

A. 120 元　　B. 850 元

C. 950 元　　D. 1050 元

3.《机动车交通事故责任强制保险条例》中规定，每次事故依法由被保险人承担损害赔偿责任的，死亡伤残赔偿限额为(　)。

A. 5000 元　　B. 10000 元

C. 50000 元　　D. 180000 元

4. 交强险是(　)开始实施的。

A. 2004 年 1 月 1 日　　B. 2005 年 1 月 1 日

C. 2006 年 7 月 1 日　　D. 2006 年 10 月 1 日

5. 桑塔纳出租车交强险的基础保险费是(　)。

A. 1000 元　　B. 1800 元

C. 2000 元　　D. 2500 元

6.《机动车交通事故责任强制保险条例》中规定，被保险人无责任时，财产赔偿限额为(　)。

A. 100 元　　B. 2000 元

C. 5000 元　　D. 10000 元

7.《机动车交通事故责任强制保险条例》中规定，被保险人无责任时，医疗费用赔偿限额为(　)。

A. 100 元　　B. 500 元

C. 800 元　　D. 1800 元

8. 以下关于交强险的说法不正确的是(　)。

A. 强制购买的保险

B. 对"受害人"的人身和财产损失在有责和无责限额内进行分项计算赔款

C. 交强险中的"受害人"包括本车上的人员

D. 车辆购置后必须购买交强险，并贴上交强险标志方可上路行驶

二、简答题

1. 何为交强险？
2. 简述交强险与商业三者险的区别。
3. 在什么情况下，交强险不负责赔偿和垫付？
4. 交强险的赔偿限额是如何规定的？
5. 何为交强险无责代赔？

三、计算题

1. 甲、乙两车互撞，甲车承担70%的责任，车损为3000元；乙车承担30%的责任，车损为1000元。甲、乙两车获得的交强险的赔偿金额分别为多少？

2. A、B、C三车互碰造成三方车损，A车主责，车损为600元；B车无责，车损为500元；C车次责，车损为300元，车外财产损失为400元。A、B、C三车的交强险赔偿金额分别是多少？

任务2　机动车商业险

任务分析

小周在工作后为自己买了一辆代步车用于上下班。作为新手，他知道交通事故责任强制保险是必须投保的，但不清楚具体商业险的保险险种，也不知道商业险有什么用处。

小周的困惑是每一个新手车主都可能产生的。作为汽车保险销售人员，要想为客户解决问题，需要完成下列任务：

(1)为车主详细介绍机动车商业险主险的保险责任和责任免除。

(2)简要介绍商业险附加险的保险责任和责任免除。

任务目标

(1)专业能力目标。①掌握机动车辆损失险的保险责任和责任免除；②掌握机动车第三者责任险的保险责任和责任免除；③掌握机动车车上人员责任险的保险责任和责任免除；④掌握常用附加险的保险责任和责任免除。

(2)方法能力目标。掌握交通事故中主险、常用附加险的赔付。

(3)社会能力目标。利用所学的主险、附加险知识，为客户解读保险条款。

任务知识链接

机动车商业险是机动车车主为其车辆发生意外事故导致的损失而购买的保险，是一种常见的风险管理方式，可以为车主和被保险人提供广泛的保障范围。

子任务1　认识机动车商业险

机动车保险(汽车保险)是运输工具保险的主要险别。根据我国《保险法》对于保险条款管理的有关规定，商业保险的险种分为主险和附加险。

《中国保险行业协会机动车综合商业保险示范条款》(2020版)中对商业保险有相关规定条款，可查阅相关资料。

子任务2　机动车损失险

机动车损失险指的是被保险人或其允许的驾驶人在驾驶保险车辆时发生保险事故，造成保险车辆受损，保险公司在合理的范围内予以赔偿。

一、保险责任

(1)保险期间内，被保险人或被保险机动车驾驶人(以下简称“驾驶人”)在使用被保险机动车的过程中，因自然灾害、意外事故造成被保险机动车直接损失，且不属于免除保险人责任的范围，保险人依照保险合同的约定负责赔偿。

(2)保险期间内，被保险机动车被盗窃、抢劫、抢夺，经出险地县级以上公安刑侦部门立案证明，满60天未查明下落的全车损失，以及因被盗窃、抢劫、抢夺受到损坏造成的直接损失，且不属于免除保险人责任的范围，保险人依照保险合同的约定负责赔偿。

(3)发生保险事故时，被保险人或驾驶人为防止或者减少被保险机动车的损失所支付的必要的、合理的施救费用，由保险人承担；施救费用数额在被保险机动车损失赔偿金额以外另行计算，最高不超过保险金额。

二、责任免除

(1)在上述保险责任范围内，下列情况下，不论任何原因造成被保险机动车的任何损失和费用，保险人均不负责赔偿：

①事故发生后，被保险人或驾驶人故意破坏、伪造现场，毁灭证据。

②驾驶人有下列情形之一者：

a. 交通肇事逃逸；

b. 饮酒、吸食或注射毒品、服用国家管制的精神药品或者麻醉药品；

c. 无驾驶证，驾驶证被依法扣留、暂扣、吊销、注销期间；

d. 驾驶与驾驶证载明的准驾车型不相符合的机动车。

③被保险机动车有下列情形之一者：

a. 发生保险事故时被保险机动车行驶证、号牌被注销；

b. 被扣留、收缴、没收期间；

c. 竞赛、测试期间，在营业性场所维修、保养、改装期间；

d. 被保险人或驾驶人故意或重大过失，导致被保险机动车被利用从事犯罪行为。

(2)下列原因导致的被保险机动车的损失和费用，保险人不负责赔偿：

①战争、军事冲突、恐怖活动、暴乱、污染(含放射性污染)、核反应、核辐射；

②违反安全装载规定；

③被保险机动车被转让、改装、加装或改变使用性质等，导致被保险机动车危险程度显著增加，且未及时通知保险人，因危险程度显著增加而发生保险事故的；

④投保人、被保险人或驾驶人故意制造保险事故。

(3)下列损失和费用，保险人不负责赔偿：

①因市场价格变动造成的贬值、修理后因价值降低引起的减值损失；

②自然磨损、朽蚀、腐蚀、故障、本身质量缺陷；

③投保人、被保险人或驾驶人知道保险事故发生后，故意或者因重大过失未及时通知，致使保险事故的性质、原因、损失程度等难以确定的，保险人对无法确定的部分不承担赔偿责任，但保险人通过其他途径已经知道或者应当及时知道保险事故发生的除外；

④因被保险人违反约定，导致无法确定的损失；

⑤车轮单独损失，无明显碰撞痕迹的车身划痕，以及新增加设备的损失；

⑥非全车盗抢，仅车上零部件或附属设备被盗窃。

三、免赔额

对于投保人与保险人在投保时协商确定绝对免赔额的，保险人在依据合同约定计算赔款的基础上，增加每次事故的绝对免赔额。

四、保险金额

保险金额按投保时被保险机动车的实际价值确定。

投保时被保险机动车的实际价值由投保人与保险人根据投保时的新车购置价减去折旧金额后的价格协商确定或其他市场公允价值协商确定。

折旧金额可根据合同列明的参考折旧系数表确定。

五、赔偿处理

(1)发生保险事故后，保险人依据约定在保险责任范围内承担赔偿责任。赔偿方式由保险人与被保险人协商确定。

(2)因保险事故损坏的被保险机动车，修理前被保险人应当会同保险人检验，协商确定维修机构、修理项目、方式和费用。无法协商确定的，双方委托共同认可的有资质的第三方进行评估。

(3)被保险机动车遭受损失后的残余部分由保险人、被保险人协商处理。

(4)因第三方对被保险机动车的损害而造成保险事故，被保险人向第三方索赔的，保险人应积极协助；被保险人也可以直接向保险人索赔，保险人在保险金额内先行赔付被保险人，并在赔偿金额内代位行使被保险人对第三方请求赔偿的权利。

(5)被保险人已经从第三方取得损害赔偿的，保险人进行赔偿时，相应扣减被保险人从第三方已取得的赔偿金额。

(6)保险人未赔偿之前，被保险人放弃对第三方请求赔偿的权利的，保险人不承担赔偿责任。

(7)被保险人故意或者因重大过失致使保险人不能行使代位请求赔偿的权利的，保险人可以扣减或者要求返还相应的赔款。

(8)保险人向被保险人先行赔付的，保险人向第三方行使代位请求赔偿的权利时，被保险人应当向保险人提供必要的文件和所知道的有关情况。

六、机动车损失赔款计算

1. 全部损失

赔款＝保险金额－被保险人已从第三方获得的赔偿金额－绝对免赔额

2. 部分损失

被保险机动车发生部分损失，保险人按实际修复费用在保险金额内计算赔偿：

赔款＝实际修复费用－被保险人已从第三方获得的赔偿金额－绝对免赔额

3. 施救费

施救的财产中含有保险合同之外的财产，应按保险合同保险财产的实际价值占总施救财产的实际价值的比例分摊施救费。

被保险机动车发生保险事故，导致全部损失，或一次赔款金额与免赔金额之和(不含施救费)达到保险金额，保险人按保险合同的约定支付赔款后，保险责任终止，保险人不退还机动车损失保险及其附加险的保险费。

子任务3　机动车第三者责任险

一、保险责任

机动车第三者责任险的保险责任为：保险期间内，被保险人或其允许的驾驶人在使用被保险机动车的过程中发生意外事故，致使第三者遭受人身伤亡或财产直接损毁，依法应当对第三者承担损害赔偿责任，且不属于免除保险人责任的范围，保险人依照保险合同的约定，对于超过机动车交通事故责任强制保险各分项赔偿限额的部分负责赔偿。

保险人依据被保险机动车一方在事故中所负的事故责任比例承担相应的赔偿责任。

被保险人或被保险机动车一方根据有关法律法规选择自行协商或由公安机关交通管理部门处理事故，但未确定事故责任比例的，按照下列规定确定事故责任比例：

(1)被保险机动车一方负主要事故责任的，事故责任比例为70%；

(2)被保险机动车一方负同等事故责任的，事故责任比例为50%；

(3)被保险机动车一方负次要事故责任的，事故责任比例为30%。

涉及司法或仲裁程序的，以法院或仲裁机构最终生效的法律文书为准。

二、责任免除

(1)在上述保险责任范围内，下列情况下，不论任何原因造成的人身伤亡、财产损失和费用，保险人均不负责赔偿：

①事故发生后，被保险人或驾驶人故意破坏、伪造现场，毁灭证据；

②驾驶人有下列情形之一者：

a. 交通肇事逃逸；

b. 饮酒、吸食或注射毒品、服用国家管制的精神药品或者麻醉药品；

c. 无驾驶证，驾驶证被依法扣留、暂扣、吊销、注销期间；

d. 驾驶与驾驶证载明的准驾车型不相符合的机动车；

e. 非被保险人允许的驾驶人。

③被保险机动车有下列情形之一者：

a. 发生保险事故时被保险机动车行驶证、号牌被注销；

b. 被扣留、收缴、没收期间；

c. 竞赛、测试期间，在营业性场所维修、保养、改装期间；

d. 全车被盗窃、被抢劫、被抢夺、下落不明期间。

(2)下列原因导致的人身伤亡、财产损失和费用，保险人不负责赔偿：

①战争、军事冲突、恐怖活动、暴乱、污染(含放射性污染)、核反应、核辐射；

②第三者、被保险人或驾驶人故意制造保险事故、犯罪行为，第三者与被保险人或其他致害人恶意串通的行为；

③被保险机动车被转让、改装、加装或改变使用性质等，导致被保险机动车危险程度显著增加，且未及时通知保险人，因危险程度显著增加而发生保险事故。

(3)下列人身伤亡、财产损失和费用，保险人不负责赔偿：

①被保险机动车发生意外事故，致使任何单位或个人停业、停驶、停电、停水、停气、停产、通讯或网络中断、电压变化、数据丢失造成的损失以及其他各种间接损失；

②第三者财产因市场价格变动造成的贬值，修理后因价值降低引起的减值损失；

③被保险人及其家庭成员、驾驶人及其家庭成员所有、承租、使用、管理、运输或代管的财产的损失，以及本车上财产的损失；

④被保险人、驾驶人、本车车上人员的人身伤亡；

⑤停车费、保管费、扣车费、罚款、罚金或惩罚性赔款；

⑥超出《道路交通事故受伤人员临床诊疗指南》和国家基本医疗保险同类医疗费用标准的费用部分；

⑦律师费，未经保险人事先书面同意的诉讼费、仲裁费；

⑧投保人、被保险人或驾驶人知道保险事故发生后，故意或者因重大过失未及时通知，致使保险事故的性质、原因、损失程度等难以确定的，保险人对无法确定的部分，不承担赔偿责任，但保险人通过其他途径已经知道或者应当及时知道保险事故发生的除外；

⑨因被保险人违反约定，导致无法确定的损失；

⑩精神损害抚慰金；

⑪应当由机动车交通事故责任强制保险赔偿的损失和费用。

保险事故发生时，被保险机动车未投保机动车交通事故责任强制保险或机动车交通事故责任强制保险合同已经失效的，对于机动车交通事故责任强制保险责任限额以内的损失和费用，保险人不负责赔偿。

三、责任限额

每次事故的责任限额，由投保人和保险人在签订保险合同时协商确定。

主车和挂车连接使用时视为一体，发生保险事故时，由主车保险人和挂车保险人按照保险单上载明的机动车第三者责任保险责任限额的比例，在各自的责任限额内承担赔偿责任。

四、赔偿处理

保险人对被保险人或其允许的驾驶人给第三者造成的损害，可以直接向该第三者赔偿。

被保险人或其允许的驾驶人给第三者造成损害，对第三者应负的赔偿责任确定的，根据被保险人的请求，保险人应当直接向该第三者赔偿。被保险人怠于请求的，第三者就其应获赔偿部分直接向保险人请求赔偿的，保险人可以直接向该第三者赔偿。

被保险人或其允许的驾驶人给第三者造成损害，未向该第三者赔偿的，保险人不得向被保险人赔偿。

发生保险事故后，保险人依据约定在保险责任范围内承担赔偿责任。赔偿方式由保险人与被保险人协商确定。

因保险事故损坏的第三者财产，修理前被保险人应当会同保险人检验，协商确定维修机构、修理项目、方式和费用。无法协商确定的，双方委托共同认可的有资质的第三方进行评估。

赔款计算：

(1)(依合同约定核定的第三者损失金额－机动车交通事故责任强制保险的分项赔偿限额)×事故责任比例≥每次事故责任限额，此时：

$$\text{赔款}=\text{每次事故责任限额}$$

(2)(依合同约定核定的第三者损失金额－机动车交通事故责任强制保险的分项赔偿限额)×事故责任比例＜每次事故责任限额，此时：

$$\text{赔款}=\left(\begin{matrix}\text{依合同约定核定的}\\\text{第三者损失金额}\end{matrix}-\begin{matrix}\text{机动车交通事故责任}\\\text{强制保险的分项赔偿限额}\end{matrix}\right)\times\begin{matrix}\text{事故责任}\\\text{比例}\end{matrix}$$

保险人按照《道路交通事故受伤人员临床诊疗指南》和国家基本医疗保险的同类医疗费用标准核定医疗费用的赔偿金额。

未经保险人书面同意，被保险人自行承诺或支付的赔偿金额，保险人有权重新核定。不属于保险人赔偿范围或超出保险人应赔偿金额的，保险人不承担赔偿责任。

子任务4　机动车车上人员责任保险

一、保险责任

保险期间内，被保险人或其允许的驾驶人在使用被保险机动车的过程中发生意外事故，致使车上人员遭受人身伤亡，且不属于免除保险人责任的范围，依法应当对车上人员承担损害赔偿责任，保险人依照保险合同的约定负责赔偿。

保险人依据被保险机动车一方在事故中所负的事故责任比例承担相应的赔偿责任。

被保险人或被保险机动车一方根据有关法律法规选择自行协商或由公安机关交通管理部门处理事故，但未确定事故责任比例的，按照下列规定确定事故责任比例：

(1)被保险机动车一方负主要事故责任的，事故责任比例为70%；

(2)被保险机动车一方负同等事故责任的，事故责任比例为50%；

(3)被保险机动车一方负次要事故责任的，事故责任比例为30%。

涉及司法或仲裁程序的，以法院或仲裁机构最终生效的法律文书为准。

二、责任免除

(1)在上述保险责任范围内，下列情况下，不论任何原因造成的人身伤亡，保险人均不负责赔偿：

①事故发生后，被保险人或驾驶人故意破坏、伪造现场，毁灭证据。

②驾驶人有下列情形之一者：

a. 交通肇事逃逸；

b. 饮酒、吸食或注射毒品、服用国家管制的精神药品或者麻醉药品；

c. 无驾驶证，驾驶证被依法扣留、暂扣、吊销、注销期间；

d. 驾驶与驾驶证载明的准驾车型不相符合的机动车；

e. 非被保险人允许的驾驶人。

③被保险机动车有下列情形之一者：

a. 发生保险事故时被保险机动车行驶证、号牌被注销；

b. 被扣留、收缴、没收期间；

c. 竞赛、测试期间，在营业性场所维修、保养、改装期间。

(2)下列原因导致的人身伤亡，保险人不负责赔偿：

①战争、军事冲突、恐怖活动、暴乱、污染(含放射性污染)、核反应、核辐射；

②被保险机动车被转让、改装、加装或改变使用性质等，导致被保险机动车危险程度显著增加，且未及时通知保险人，因危险程度显著增加而发生保险事故；

③投保人、被保险人或驾驶人故意制造保险事故。

(3)下列人身伤亡、损失和费用，保险人不负责赔偿：

①被保险人及驾驶人以外的其他车上人员的故意行为造成的自身伤亡；

②车上人员因疾病、分娩、自残、斗殴、自杀、犯罪行为造成的自身伤亡；

③罚款、罚金或惩罚性赔款；

④超出《道路交通事故受伤人员临床诊疗指南》和国家基本医疗保险同类医疗费用标准的费用部分；

⑤律师费，未经保险人事先书面同意的诉讼费、仲裁费；

⑥投保人、被保险人或驾驶人知道保险事故发生后，故意或者因重大过失未及时通知，致使保险事故的性质、原因、损失程度等难以确定的，保险人对无法确定的部分，不承担赔偿责任，但保险人通过其他途径已经知道或者应当及时知道保险事故发生的除外；

⑦精神损害抚慰金；

⑧应当由机动车交通事故责任强制保险赔付的损失和费用。

三、责任限额

驾驶人每次事故责任限额和乘客每次事故每人责任限额由投保人和保险人在投保时协商确定。投保乘客座位数按照被保险机动车的核定载客数(驾驶人座位除外)确定。

四、赔款计算

(1)对每座的受害人，(依合同约定核定的每座车上人员人身伤亡损失金额－应由机动车交通事故责任强制保险赔偿的金额)×事故责任比例≥每次事故每座责任限额，此时：

赔款＝每次事故每座责任限额

(2)对每座的受害人，(依合同约定核定的每座车上人员人身伤亡损失金额－应由机动车交通事故责任强制保险赔偿的金额)×事故责任比例＜每次事故每座责任限额，此时：

赔款＝(依合同约定核定的每座车上人员人身伤亡损失金额－应由机动车交通事故责任强制保险赔偿的金额)×事故责任比例

保险人按照《道路交通事故受伤人员临床诊疗指南》和国家基本医疗保险的同类医疗费用标准核定医疗费用的赔偿金额。

未经保险人书面同意，被保险人自行承诺或支付的赔偿金额，保险人有权重新核定。不属于保险人赔偿范围或超出保险人应赔偿金额的，保险人不承担赔偿责任。

子任务5　通用条款

一、保险期间

除另有约定外，保险期间为一年，以保险单载明的起讫时间为准。

二、其他事项

(1)发生保险事故时，被保险人或驾驶人应当及时采取合理的、必要的施救和保护措施，防止或者减少损失，并在保险事故发生后48小时内通知保险人。

被保险机动车全车被盗抢的，被保险人知道保险事故发生后，应在24小时内向出险当地公安刑侦部门报案，并通知保险人。

被保险人索赔时，应当向保险人提供与确认保险事故的性质、原因、损失程度等有关的证明和资料。

被保险人应当提供保险单、损失清单、有关费用单据、被保险机动车行驶证和发生事故时驾驶人的驾驶证。

属于道路交通事故的，被保险人应当提供公安机关交通管理部门或法院等机构出具的事故证明、有关的法律文书(判决书、调解书、裁定书、裁决书等)及其他证明。被保险人或其允许的驾驶人根据有关法律法规规定选择自行协商方式处理交通事故的，被保险人应当提供记录交通事故情况的协议书。

被保险机动车被盗抢的，被保险人索赔时，须提供保险单、损失清单、有关费用单据、机动车登记证书、机动车来历凭证，以及出险当地县级以上公安刑侦部门出具的盗抢立案证明。

(2)保险人按照保险合同的约定，认为被保险人索赔提供的有关证明和资料不完整的，应当及时一次性通知被保险人补充提供。

(3)保险人收到被保险人的赔偿请求后，应当及时作出核定；情形复杂的，应当在 30 日内作出核定。保险人应当将核定结果通知被保险人。对属于保险责任的，在与被保险人达成赔偿协议后 10 日内履行赔偿义务。保险合同对赔偿期限另有约定的，保险人应当按照约定履行赔偿义务。

保险人未及时履行前款约定义务的，除支付赔款外，应当赔偿被保险人因此受到的损失。

(4)保险人依照约定作出核定后，对不属于保险责任的，应当自作出核定之日起 3 日内向被保险人发出拒绝赔偿通知书，并说明理由。

(5)保险人自收到赔偿请求和有关证明、资料之日起 60 日内，对其赔偿数额不能确定的，应当根据已有证明和资料可以确定的数额先予支付；保险人最终确定赔偿数额后，应当支付相应的差额。

(6)保险人受理报案、现场查勘、核定损失、参与诉讼、进行抗辩、要求被保险人提供证明和资料、向被保险人提供专业建议等行为，均不构成保险人对赔偿责任的承诺。

(7)在保险期间内，被保险机动车转让他人的，受让人承继被保险人的权利和义务。被保险人或者受让人应当及时通知保险人，并及时办理保险合同变更手续。

因被保险机动车转让导致被保险机动车危险程度发生显著变化的，保险人自收到前款约定的通知之日起 30 日内，可以相应调整保险费或者解除保险合同。

(8)保险责任开始前，投保人要求解除保险合同的，应当向保险人支付应交保险费金额 3%的退保手续费，保险人应当退还保险费。

保险责任开始后，投保人要求解除保险合同的，自通知保险人之日起，保险合同解除。保险人按日收取自保险责任开始之日起至合同解除之日止期间的保险费，并退还剩余部分保险费。

(9)因履行保险合同发生的争议，由当事人协商解决，协商不成的，由当事人从下列两种合同争议解决方式中选择一种，并在保险合同中载明：

①提交保险单载明的仲裁委员会仲裁；

②依法向人民法院起诉。

子任务 6 附加险

附加险条款的法律效力优于主险条款。附加险条款未尽事宜，以主险条款为准。除附加险条款另有约定外，主险中的责任免除、双方义务同样适用于附加险。主险保险责任终止的，其相应的附加险保险责任同时终止。

一、附加绝对免赔率特约条款

绝对免赔率为 5%、10%、15%、20%，由投保人和保险人在投保时协商确定，具体以保险单载明为准。

被保险机动车发生主险约定的保险事故，保险人按照主险的约定计算赔款后，扣减本特约条款约定的免赔。即：

主险实际赔款＝按主险约定计算的赔款×(1－绝对免赔率)

二、附加车轮单独损失险

投保了机动车损失保险的机动车，可投保本附加险。

1. 保险责任

保险期间内，被保险人或被保险机动车驾驶人在使用被保险机动车的过程中，因自然灾害、意外事故，导致被保险机动车未发生其他部位的损失，仅有车轮(含轮胎、轮毂、轮毂罩)单独的直接损失，且不属于免除保险人责任的范围，保险人依照本附加险合同的约定负责赔偿。

2. 责任免除

(1)车轮(含轮胎、轮毂、轮毂罩)的自然磨损、朽蚀、腐蚀、故障、本身质量缺陷；

(2)未发生全车盗抢，仅车轮单独丢失。

3. 保险金额

保险金额由投保人和保险人在投保时协商确定。

4. 赔偿处理

(1)发生保险事故后，保险人依据本条款约定在保险责任范围内承担赔偿责任。赔偿方式由保险人与被保险人协商确定。

(2)赔款＝实际修复费用－被保险人已从第三方获得的赔偿金额。

(3)在保险期间内，累计赔款金额达到保险金额，本附加险保险责任终止。

三、附加新增加设备损失险

投保了机动车损失保险的机动车，可投保本附加险。

1. 保险责任

保险期间内，投保了本附加险的被保险机动车因发生机动车损失保险责任范围内的事故，造成车上新增加设备的直接损毁，保险人在保险单载明的本附加险的保险金额内，按照实际损失计算赔偿。

2. 保险金额

保险金额根据新增加设备投保时的实际价值确定。新增加设备的实际价值是指新增加设备的购置价减去折旧金额后的金额。

3. 赔偿处理

发生保险事故后，保险人依据本条款约定在保险责任范围内承担赔偿责任。赔偿方式由保险人与被保险人协商确定。

赔款=实际修复费用-被保险人已从第三方获得的赔偿金额

四、附加车身划痕损失险

投保了机动车损失保险的机动车，可投保本附加险。

1. 保险责任

保险期间内，被保险人或被保险机动车驾驶人在使用被保险机动车的过程中，发生无明显碰撞痕迹的车身划痕损失，保险人按照保险合同约定负责赔偿。

2. 责任免除

(1)被保险人及其家庭成员、驾驶人及其家庭成员的故意行为造成的损失。

(2)因投保人、被保险人与他人的民事、经济纠纷导致的任何损失。

(3)车身表面自然老化、损坏、腐蚀造成的任何损失。

3. 保险金额

保险金额为 2000 元、5000 元、10000 元或 20000 元，由投保人和保险人在投保时协商确定。

4. 赔偿处理

(1)发生保险事故后，保险人依据本条款约定在保险责任范围内承担赔偿责任。赔偿方式由保险人与被保险人协商确定。

赔款=实际修复费用-被保险人已从第三方获得的赔偿金额

(2)在保险期间内，累计赔款金额达到保险金额，本附加险保险责任终止。

五、附加修理期间费用补偿险

投保了机动车损失保险的机动车，可投保本附加险。

1. 保险责任

保险期间内，投保了本附加险的被保险机动车在使用过程中，发生机动车损失保险责任范围内的事故，造成车身损毁，致使被保险机动车停驶，保险人按保险合同约定，在保险金额内向被保险人补偿修理期间费用，作为代步车费用或弥补停驶损失。

2. 责任免除

下列情况下，保险人不承担修理期间费用补偿：

(1)因机动车损失保险责任范围以外的事故而致被保险机动车的损毁或修理；

(2)非在保险人认可的修理厂修理时，因车辆修理质量不合要求造成返修；

(3)被保险人或驾驶人拖延车辆送修期间。

3. 保险金额

本附加险保险金额＝补偿天数×日补偿金额

补偿天数及日补偿金额由投保人与保险人协商确定并在保险合同中载明，保险期间内约定的补偿天数最高不超过 90 天。

4. 赔偿处理

全车损失，按保险单载明的保险金额计算赔偿；部分损失，在保险金额内按约定的日补偿金额乘以从送修之日起至修复之日止的实际天数计算赔偿，实际天数超过双方约定修理天数的，以双方约定的修理天数为准。

保险期间内，累计赔款金额达到保险单载明的保险金额，本附加险保险责任终止。

六、附加发动机进水损坏除外特约条款

投保了机动车损失保险的机动车，可投保本附加险。

保险期间内，投保了本附加险的被保险机动车在使用过程中，因发动机进水后导致的发动机的直接损毁，保险人不负责赔偿。

七、附加车上货物责任险

投保了机动车第三者责任保险的营业货车(含挂车)，可投保本附加险。

1. 保险责任

保险期间内，发生意外事故致使被保险机动车所载货物遭受直接损毁，依法应由被保险人承担的损害赔偿责任，保险人负责赔偿。

2. 责任免除

(1)偷盗、哄抢、自然损耗、本身缺陷、短少、死亡、腐烂、变质、串味、生锈、动物走失或飞失、货物自身起火燃烧或爆炸造成的货物损失；

(2)违法、违章载运造成的损失；

(3)因包装、紧固不善，装载、遮盖不当导致的任何损失；

(4)车上人员携带的私人物品的损失；

(5)保险事故导致的货物减值、运输延迟、营业损失及其他各种间接损失；

(6)法律、行政法规禁止运输的货物的损失。

3. 责任限额

责任限额由投保人和保险人在投保时协商确定。

4. 赔偿处理

(1)被保险人索赔时，应提供运单、起运地货物价格证明等相关单据，保险人在责任限额内按起运地价格计算赔偿；

(2)发生保险事故后，保险人依据本条款约定在保险责任范围内承担赔偿责任，赔偿方式由保险人与被保险人协商确定。

八、附加精神损害抚慰金责任险

投保了机动车第三者责任保险或机动车车上人员责任保险的机动车，可投保本附加险。

在投保人仅投保机动车第三者责任保险的基础上附加本附加险时，保险人只负责赔偿第三者的精神损害抚慰金；在投保人仅投保机动车车上人员责任保险的基础上附加本附加险时，保险人只负责赔偿车上人员的精神损害抚慰金。

1. 保险责任

保险期间内，被保险人或其允许的驾驶人在使用被保险机动车的过程中，发生投保的主险约定的保险责任内的事故，造成第三者或车上人员的人身伤亡，受害人据此提出精神损害赔偿请求，保险人依据法院判决及保险合同约定，对应由被保险人或被保险机动车驾驶人支付的精神损害抚慰金，在扣除机动车交通事故责任强制保险应当支付的赔款后，在本保险赔偿限额内负责赔偿。

2. 责任免除

(1)根据被保险人与他人的合同协议，应由他人承担的精神损害抚慰金；

(2)未发生交通事故，仅因第三者或本车人员的惊恐而引起的损害；

(3)怀孕妇女的流产发生在交通事故发生之日起 30 天以外的。

3. 赔偿限额

本保险每次事故赔偿限额由保险人和投保人在投保时协商确定。

4. 赔偿处理

本附加险赔偿金额依据生效法律文书或当事人达成且经保险人认可的赔付协议，在保险单所载明的赔偿限额内计算赔偿。

九、附加法定节假日限额翻倍险

投保了机动车第三者责任保险的家庭自用汽车，可投保本附加险。

保险期间内，被保险人或其允许的驾驶人在法定节假日期间使用被保险机动车发生机动车第三者责任保险范围内的事故，并经公安部门或保险人查勘确认的，被保险机动车第三者责任保险所适用的责任限额在保险单载明的基础上增加一倍。

十、附加医保外医疗费用责任险

投保了机动车第三者责任保险或机动车车上人员责任保险的机动车，可投保本附加险。

1. 保险责任

保险期间内，被保险人或其允许的驾驶人在使用被保险机动车的过程中，发生主险保险事故，对于被保险人依照中华人民共和国法律(不含港、澳、台地区法律)应对第三者或车上人员承担的医疗费用，保险人对超出《道路交通事故受伤人员临床诊疗指南》和国家基本医疗保险同类医疗费用标准的部分负责赔偿。

2. 责任免除

下列损失、费用，保险人不负责赔偿：

(1)在相同保障的其他保险项下可获得赔偿的部分；

(2)所诊治伤情与主险保险事故无关联的医疗、医药费用；

(3)特需医疗类费用。

3. 赔偿限额

赔偿限额由投保人和保险人在投保时协商确定，并在保险单中载明。

4. 赔偿处理

被保险人索赔时，应提供由具备医疗机构执业许可的医院或药品经营许可的药店出具的、足以证明各项费用赔偿金额的相关单据。保险人根据被保险人实际承担的责任，在保险单载明的责任限额内计算赔偿。

十一、附加机动车增值服务特约条款

投保了机动车保险后，可投保本特约条款。

本特约条款包括道路救援服务特约条款、车辆安全检测特约条款、代为驾驶服务特约条款、代为送检服务特约条款共四个独立的特约条款，投保人可以选择投保全部特约条款，也可以选择投保其中部分特约条款。保险人依照保险合同的约定，按照承保特约条款分别提供增值服务。

一、道路救援服务特约条款

1. 服务范围

保险期间内，被保险机动车在使用过程中发生故障而丧失行驶能力时，保险人或其受托人根据被保险人的请求，向被保险人提供如下道路救援服务。

(1)单程 50km 以内拖车；

(2)送油、送水、送防冻液、搭电；

(3)轮胎充气、更换轮胎；

(4)车辆脱离困境所需的拖拽、吊车。

2. 责任免除

(1)根据所在地法律法规、行政管理部门的规定，无法开展相关服务项目的情形；

(2)送油、更换轮胎等服务过程中产生的油料、防冻液、配件、辅料等材料费用；

(3)被保险人或驾驶人的故意行为。

3. 责任限额

保险期间内，保险人提供 2 次免费服务。超出 2 次的，由投保人和保险人在签订保险合同时协商确定，分为 5 次、10 次、15 次、20 次四档。

二、车辆安全检测特约条款

1. 服务范围

保险期间内，为保障车辆安全运行，保险人或其受托人根据被保险人的请求，为被保险机动车提供车辆安全检测服务。车辆安全检测项目包括：

(1)发动机检测(机油、空滤、燃油、冷却等)；

(2)变速器检测；

(3)转向系统检测(含车轮定位测试、轮胎动平衡测试)；

(4)底盘检测；

(5)轮胎检测；

(6)汽车玻璃检测；

(7)汽车电子系统检测(全车电控电器系统检测)；

(8)车内环境检测；

(9)蓄电池检测；

(10)车辆综合安全检测。

2. 责任免除

(1)检测中发现的问题部件的更换、维修费用；

(2)洗车、打蜡等常规保养费用；

(3)车辆运输费用。

3. 责任限额

保险期间内，本特约条款的检测项目及服务次数上限由投保人和保险人在签订保险合同时协商确定。

三、代为驾驶服务特约条款

1. 服务范围

保险期间内，保险人或其受托人根据被保险人的请求，在被保险人或其允许的驾驶人因饮酒、服用药物等原因无法驾驶或存在重大安全驾驶隐患时提供单程 30km 以内的短途代驾服务。

2. 责任免除

根据所在地法律法规、行政管理部门的要求，无法开展相关服务项目的情形。

3. 责任限额

保险期间内，本特约条款的服务次数上限由投保人和保险人在签订保险合同时协商确定。

四、代为送检服务特约条款

1. 服务范围

保险期间内，按照《中华人民共和国道路交通安全法实施条例》，被保险机动车需由机动车安全技术检验机构实施安全技术检验时，根据被保险人的请求，由保险人或其受托人代替车辆所有人进行车辆送检。

2. 责任免除

(1)根据所在地法律法规、行政管理部门的要求，无法开展相关服务项目的情形；

(2)车辆检验费用及罚款；

(3)维修费用。

十二、相关名词释义

【使用被保险机动车的过程】指被保险机动车作为一种工具被使用的整个过程，包括行驶、停放及作业，但不包括在营业场所被维修养护期间、被营业单位拖带或被吊装等施救期间。

【自然灾害】指对人类以及人类赖以生存的环境造成破坏性影响的自然现象，包括雷击、暴风、暴雨、洪水、龙卷风、冰雹、台风、热带风暴、地陷、崖崩、滑坡、泥石流、雪崩、冰陷、暴雪、冰凌、沙尘暴、地震及其次生灾害等。

【意外事故】指被保险人不可预料、无法控制的突发性事件，但不包括战争、军事冲突、恐怖活动、暴乱、污染(含放射性污染)、核反应、核辐射等。

【交通肇事逃逸】是指发生道路交通事故后，当事人为逃避法律责任，驾驶或者遗弃车辆逃离道路交通事故现场以及潜逃藏匿的行为。

【车轮单独损失】指未发生被保险机动车其他部位的损失，因自然灾害、意外事故，仅发生轮胎、轮毂、轮毂罩的分别单独损失，或上述三者之中任意二者的共同损失，或三者的共同损失。

【车身划痕】仅发生被保险机动车车身表面油漆的损坏，且无明显碰撞痕迹。

【新增加设备】指被保险机动车出厂时原有设备以外的，另外加装的设备和设施。

【新车购置价】指保险合同签订地购置与被保险机动车同类型新车的价格。无同类型新车市场销售价格的，由投保人与保险人协商确定。

【全部损失】指被保险机动车发生事故后灭失，或者受到严重损坏完全失去原有形体、效用，或者不能再归被保险人所拥有的，为实际全损；或被保险机动车发生事故后，认为实际全损已经不可避免，或者为避免发生实际全损所需支付的费用超过实际价值的，为推定全损。

【家庭成员】指配偶、父母、子女和其他共同生活的近亲属。

【市场公允价值】指熟悉市场情况的买卖双方在公平交易的条件下和自愿的情况下所确定的价格，或无关联的双方在公平交易的条件下一项资产可以被买卖或者一项负债可以被清偿的成交价格。

【参考折旧系数表】如表 2-7 所示。

表 2-7 折旧系数表

车辆种类	月折旧系数			
	家庭自用	非营业	营业	
			出租	其他
9 座及以下客车	0.60%	0.60%	1.10%	0.90%
10 座及以上客车	0.90%	0.90%	1.10%	0.90%
微型载货汽车	—	0.90%	1.10%	1.10%
带拖挂的载货汽车	—	0.90%	1.10%	1.10%
低速货车和三轮汽车	—	1.10%	1.40%	1.40%
其他车辆	—	0.90%	1.10%	0.90%

折旧按月计算，不足一个月的部分，不计折旧。最高折旧金额不超过投保时被保险机动车新车购置价的 80%。

折旧金额=新车购置价×被保险机动车已使用月数×月折旧系数

【饮酒】指驾驶人饮用含有酒精的饮料，驾驶机动车时血液中的酒精含量大于或等于 20mg/100mL 的。

【法定节假日】法定节假日包括中华人民共和国国务院规定的元旦、春节、清明节、劳动节、端午节、中秋节和国庆节放假调休日期，及星期六、星期日，具体以国务院公布的文件为准。

法定节假日不包括：①因国务院安排调休形成的工作日；②国务院规定的一次性全国假日；③地方性假日。

【污染(含放射性污染)】指被保险机动车正常使用过程中或发生事故时，由于油料、尾气、货物或其他污染物的泄漏、飞溅、排放、散落等造成的被保险机动车和第三方财产的污损、状况恶化或人身伤亡。

【特需医疗类费用】指医院的特需医疗部门/中心/病房，包括但不限于特需医疗部、外宾医疗部、VIP 部、国际医疗中心、联合医院、联合病房、干部病房、A 级病房、家庭病房、套房等不属于社会基本医疗保险范畴的高等级病房产生的费用，以及名医门诊、指定专家团队门诊、特需门诊、国际门诊等产生的费用。

任务实施

1. 分组

将班级进行分组，一个小组的人数以 6～8 人为宜，小组的划分要充分考虑学习实力的均衡、性别、性格等问题，形成一个团结协作的团队。小组内 2 人形成一个组合，1 人扮演车主，另 1 人扮演汽车保险承保工作人员。

2. 小组讨论与交流

分小组进行讨论与交流，根据汽车保险承保岗位的职责要求，结合车主的实际情况为其介绍汽车保险商业险的内容，向车主解释需要购买商业险的原因。

3. 小组模拟训练

各小组以 2 人为一个组合开展模拟训练，1 人扮演车主，另 1 人扮演汽车保险承保工作人员，然后再互换角色，选择一种主险和两种附加险进行介绍。汽车保险承保工作人员要充分了解客户的需求，为客户答疑。小组成员共同讨论各组合模拟的表现情况，不断改进，教师随机抽取小组成员进行汇报。

4. 小组汇报评比

各小组根据教师指定的主险和附加险进行介绍。各小组先进行自评，找出自己的优势和不足；再进行小组间互评，找出不足；最后由教师进行点评。考核标准见表 2-8。

表 2-8　考核标准

序号	考核内容	考核要点	分值	小组自评（30%）	小组互评（40%）	教师点评（30%）	得分
1	险种介绍	内容是否详细	10				
		重点是否突出	20				
		表述是否正确	30				
2	汇报表现	语言表达是否清晰	10				
		是否能运用所学知识帮助客户解决汽车保险合同问题	20				
		仪容仪表是否得体	10				
合　计							

5. 个人小结

____

____

____

任务知识巩固

习题答案 2.2

一、单选题

1. 由机动车辆本身所面临的风险而产生的险种是(　　)。

A. 机动车辆损失险　　B. 第三者责任险

C. 附加险　　D. 特约险

2. 由机动车本身所创造的风险产生的险种是(　)。

A. 机动车辆损失险　　B. 第三者责任险

C. 附加险　　D. 特约险

3. 在我国，机动车辆保险条款的主险包括(　)。

A. 车辆损失险、第三者责任险、车上人员责任险

B. 交强险、车辆损失险、第三者责任险、无过失责任险

C. 第三者责任险、全车盗抢险、车上人员责任险、不计免赔特约条款

D. 车辆损失险、第三者责任险、发动机特别损失险、车上货物责任险

4. 承保车辆遭受保险责任范围内的自然灾害或意外事故造成保险车辆本身的损失的保险称为(　)。

A. 第三者责任险　　B. 机动车辆损失险

C. 全车盗抢险　　D. 车上人员责任险

5. (　)属于车辆损失险的附加险。

A. 新增设备损失险　　B. 车上人员责任险

C. 车上货物责任险　　D. 无过失责任险

6. (　)属于第三者责任险的附加险。

A. 车身划痕损失险　　B. 车上货物责任险

C. 玻璃单独破碎险　　D. 自燃损失险

7. 发生意外事故，造成保险车辆上人员的人身伤亡，依法应由被保险人承担的赔偿责任，保险人负责赔偿的保险称为(　)。

A. 全车盗抢险　　B. 车上人员责任险

C. 车上货物责任险　　D. 车辆停驶损失险

二、判断题

1. 汽车保险合同的有效期限一般为一年。(　)
2. 第三者责任险的责任限额由汽车的实际价值决定。(　)
3. 机动车车上人员责任险对保险责任事故造成的车上人员财产损失负责赔偿。(　)
4. 附加险可以单独承保。(　)
5. 投保机动车第三者责任险后可投保精神损害抚慰责任险。(　)
6. 投保机动车车上人员责任险后可投保精神损害抚慰责任险。(　)

三、简答题

1. 简述车损险的保险责任。
2. 简述机动车第三者责任险的保险责任。
3. 简述机动车车上人员责任险的保险责任。
4. 简述车身划痕损失险的保险责任及责任免除。

任务 3　汽车保险营销

任务分析

小周在工作后为自己买了一辆代步车用于上下班。作为新手，他知道交强险是必须投保的，但是交强险是赔偿第三者的人身伤亡和财产损失，并且赔偿有限。面对各种商业险的保险险种，他不知道该怎么选择。

小周的困惑是每一个新手车主都可能产生的。作为汽车保险销售人员，要想为客户解决问题，需要完成下列任务：

(1)做好汽车保险展业的准备工作。

(2)结合客户的实际情况为客户设计汽车保险方案。

(3)为客户介绍投保过程中要注意的问题。

任务目标

(1)专业能力目标。①知道保险展业人员应具备的条件；②掌握汽车保险承保和核保的流程。

(2)方法能力目标。掌握保险方案制定的原则。

(3)社会能力目标。掌握汽车保险展业的方法。

任务知识链接

汽车保险营销是指通过一系列的市场营销策略和活动，促进汽车保险产品的销售，以满足消费者的需求，同时实现保险公司的业务目标和市场占有率的提升。这一过程涉及产品定位、市场分析、营销策略制定、销售渠道选择等多个方面，其核心是理解消费者的需求与偏好，通过有效的沟通策略将保险产品的相关信息传递给潜在客户。

子任务 1　汽车保险展业

在现实生活中，车主、车辆的管理者都知道汽车保险的重要性，但同时存在对保险知识、某一保险公司的特色服务等不了解的情况。要解决这个问题，汽车保险行业从业者需做好汽车保险展业工作。

一、汽车保险展业的概念

汽车保险展业是指汽车保险的销售活动，即拓展保险市场、推销保险业务(保险单)。汽车保险展业包括两大渠道：直接展业和通过代理展业(保险代理人展业和保险经纪人展业)。

二、汽车保险展业的作用

汽车保险展业的根本目的是增加保险标的，以分散风险、扩大保险基金。展业面越宽，承保面越大，获得风险保障的风险单位数越多，风险就越能在空间和时间上得以分散。展业具有的重大作用是由保险服务本身的特点决定的，主要表现在以下几个方面：

1. 通过展业唤起人们对保险的潜在需求

保险所销售的产品是一种无形商品，它所能提供的是对被保险人或受益人未来生产、生活的保障。由于不能立即获得效用，人们对保险的需求往往不是很迫切，因此，有必要通过保险展业一方面满足被保险人现实的需求，另一方面唤起潜在需求，促使人们购买保险。

2. 通过展业对保险标的和风险进行选择

保险展业过程是甄别风险、避免逆选择的过程。这一过程远比其他一般商品的销售更为重要。

3. 通过展业争夺市场份额，提高经济效益

保险企业之间的竞争主要是市场的争夺。只有通过积极有效的营销活动，才能建立起充足的保险基金和可靠的运营资金，保证整个经营活动的顺利进行。展业面越大，签订的保险合同越多，由保费形成的责任准备金就越多，保险经营的风险也就越低，为进一步降低保险价格、吸引更多的保户创造了条件。保险展业的顺利开展可为保险经营带来良性循环。

4. 通过展业增强人们的保险意识

随着社会经济结构的变化，社会在为人们提供更多机遇的同时，也带来了各种风险。广泛而优质的保险展业工作不仅能为保险企业带来新客户，而且可以唤起全社会的风险意识，对树立整个保险业的良好形象起到重要作用。

三、汽车保险展业的方式

汽车保险展业的方式包括保险人直接展业、保险代理人展业和保险经纪人展业。

(1)保险人直接展业。指保险公司依靠公司的工作人员去争取业务。

(2)保险代理人展业。对许多保险公司来说，单靠直接展业是不足以争取到大量保险业务的，销售费用也居高不下。如果保险公司单靠直接展业，必须配备大量展业人员，增设诸多机构，大量的工资和费用支出势必会提高成本。而且展业具有季节性，在淡季时，人员会显得过剩。因此，国内外的大型保险公司经常利用保险代理人进行展业。

(3)保险经纪人展业。保险经纪人不同于保险代理人，其是投保人的代理人，对风险管理富有经验，能为投保人制定风险管理方案和物色适当的保险人，是一种比较有效的保险展业方式。

四、汽车保险展业的流程

(一)保险展业的准备工作

开展保险业务前，应事先对保险市场环境、潜在顾客状况、保险公司自身的优势和劣势，以及保险商品的特点进行全面的分析，制定展业规划和策略。只有知己知彼，才能取得预期的展业效果。其具体的准备工作有：

1. 调查背景情况，制定展业规划

调查背景情况是制定展业规划和实施展业的前提，包括对保险公司自身经营状况的考察和对外部经营环境的调查。前者包括对公司经营状况、信誉、市场占有率、所销保险商品的特点等进行全面细致的研究和分析，以便在制定和实施展业规划的过程中扬长避短。后者包括对保险市场供求环境的调查、对市场购买力的调查、对其他保险公司经营情况和相应保险商品的调查，以及对展业区域特点、风俗习惯、风险状况等各种与展业相关因素的调查和研究。

在调查的基础上，制定出周密的展业规划。展业规划应有明确的展业目标，并通过目标责任制使之落实到班组和个人。展业计划还应包括展业行动的总体方案和实施行动方案的方法和技巧。展业计划是指导展业工作的行动纲领。

2. 了解潜在顾客的情况

潜在顾客是指那些在主观或客观上需要保险且具有购买力的尚未购买保险商品的企业、团体或个人。对潜在顾客的了解主要包括潜在顾客的行业、经济实力、风险状况、保险意识等与展业直接或间接相关的因素。在充分了解的基础上，对潜在顾客进行分类，归纳出各类顾客的共同保险需求及不同顾客的特殊保险需求，以便根据具体情况扩大展业成果。

3. 确定展业宣传对象

展业宣传对象根据展业计划、潜在顾客情况和所销保险商品的特点来确定。这样，可以使保险展业目标更加明确，展业宣传更具针对性，从而取得更好的展业效果。

4. 做好出勤前的各项准备

根据展业工作的需要，备齐必要的各种单证、条款、费率表、宣传资料和其他宣传工具，做好出勤前的各项准备工作。

(二)接触展业对象

接触展业对象的方法有两种：介绍接触和直接接触。

介绍接触是指展业人员通过第三者介绍接触展业对象。介绍接触的优点是，第三者的中介作用可以使展业气氛轻松和谐，便于展业宣传深入进行，且赋予其更强的说服力，有利于达成展业成果。介绍接触的途径很多，如亲友介绍、同学介绍等私人关系介绍，合作单位、展业对象的主管机关以及老顾客的介绍和团体组织介绍等。介绍接触必须找合适的中介人，中介人必须对展业对象有积极的影响，否则，介绍接触不仅不能促使展业成功，反而会起到相反的效果，所以应慎重选择介绍人。

直接接触是指展业人员利用工作关系直接接近展业对象。直接接触时，一般需持有展业证件或其他证件，以及备有联系业务的自荐名片，先对展业对象及其负责人进行了解，以便寻找共同语言，增加交谈的说服力。同时，掌握好接近的时间和地点，尽量安排在对方时间较宽裕的时候去拜访，以便深入交谈。直接接触展业对象往往会遇到“坐冷板凳”的情况，这就要求展业人员以耐心、诚心、责任心来做认真细致的工作，采取适当的交际方式接近展业对象，完成展业任务。

(三)制定保险方案

由于不同投保人面临的出险概率、风险程度不同，因而其对保险的需求也各不相同，这需要展业人员为投保人设计最佳的保险方案。提供完善的保险方案是保险人高服务水平的重要体现。

子任务 2　汽车保险展业人员的素质要求

过去，汽车保险从业人员的就业门槛比较低。随着人们对汽车保险认知的加强，对汽车保险从业人员的要求越来越高，汽车保险从业人员也从数量取胜转向了质量取胜。

一、汽车保险展业人员的作用

1. 代表企业的形象

保险展业人员在客户心目中的形象是企业形象的直接反映，其言谈举止、服务水平直接关系到企业的形象。图 2-1 为展业人员的标准站姿。

女士标准站姿　　男士标准站姿

图 2-1　展业人员标准站姿

2. 影响企业的收益

汽车保险展业人员向客户介绍相关产品、解释产品的合同条款、回复客户疑问的过程，都体现了企业的形象，直接影响企业的信誉、收入和效益。

3. 反映企业管理的整体素质

汽车保险展业人员在展业过程中表现出来的解决问题和处理问题的能力，直接体现了企业服务和管理水平的高低。

4. 企业与客户之间沟通的桥梁

保险企业与客户之间的沟通主要是靠保险展业人员来实现的。保险展业人员在工作中担任着双重角色。对保险企业而言，保险展业人员代表客户进行投保的相关操作；对客户而言，保险展业人员代表的是企业的服务品质。

二、汽车保险展业人员应具备的条件

近年来，汽车保险合同纠纷不断，主要原因是展业人员没有认真解释合同，或不具备有关的知识和技能。为了更好地服务客户，发挥保险企业与客户之间的桥梁作用，保险展业人员应具备以下条件：

(1)具有一定的文化水平。

(2)品貌端正，口齿伶俐，会说普通话，具有较强的语言表达能力和随机应变能力。

(3)熟悉汽车保险知识及汽车维修、汽车材料、汽车配件等方面的知识，并有一定的实践经验。

(4)接受过专业的业务培训。

(5)熟悉汽车保险的投保、承保、理赔等流程。

(6)会使用企业内部的相关软件。

(7)熟悉国家和保险行业的有关法律法规和政策。

(8)具有高度的责任心、良好的职业道德。

三、汽车保险展业人员的职业准则

1. 主动热情

汽车保险产品是看不见、摸不着的无形商品。汽车保险展业人员推销的是一种观念，是对近期或者远期可能发生的某些事件的风险转移。正因为如此，主动购买保险的人不多。展业人员要以热情真诚的姿态和面貌，积极主动地寻找客户，激发保险需求，帮助客户建立保障。

2. 敬业爱业

汽车保险展业人员要热爱自己的工作，熟悉公司产品并掌握产品的特点。没有客户愿意和不懂产品的展业人员打交道，因为这样的人无法替客户答疑解惑，更别说让客户购买产品了。不热爱自己工作的展业人员不可能做好展业工作。

3. 态度诚恳，形象专业

靓丽英俊的外表与销售成功并没有必然的联系，而诚恳的态度却能在客户心中树立起良好的形象。

在展业人员的眼中，所有的客户都需要建立保险保障，并没有金钱、地位、权势上的区别。对待地位不高的人不藐视、不冷落；对待有钱、有权、有势的人不低声下气。对任何人都应该平等而热情，诚恳而坦率。

4. 渊博的知识

保险业对从业人员的素质要求越来越高，一个优秀的展业人员应储备专业的保险知识，以及由保险衍生出来的金融、法律、财税、医学等多方面的知识，并在实践中不断地感悟和总结。

5. 以客户为中心

一名优秀的保险展业人员要能够站在客户的立场上，根据客户的用车环境、驾驶员的驾驶情况、个人的财务状况等，帮助客户分析保险需求、制订计划、选择产品。这个时候，展业人员的身份是一个参谋、一个理财规划师。

6. 有良好的口才，善于沟通

要说服客户购买自己的产品，除了有竞争力的产品和价格外，还得看展业人员怎么去说，怎样让自己的语言既有艺术性又有逻辑性。

子任务3 汽车投保注意事项

一、汽车保险公司的选择

购买汽车保险的目的是一旦因意外发生交通事故，能够顺利得到保险公司的赔付，所以投保时首先要选择合适的保险公司。一是要尽量选择知名的大中型保险公司。因为大中型保险公司一般有雄厚的经济实力，且具有规模优势，在全国各地的网点比较多，一旦出险报案后，在出险地就可以迅速获得妥善的处理。二是要考虑拟投保保险公司的服务质量。有些客户在购买汽车保险的时候一味追求保险价格的便宜。其实投保时在考虑保费的同时，要综合考虑保险公司的服务水平和服务质量。

二、购买渠道的选择

(1)在保险公司的营业机构购买。客户应在具有合法资格的保险公司营业机构购买汽车保险。汽车保险的售后服务与产品本身一样重要，客户在选择保险公司时，应了解各公司提供服务的内容及信誉程度。部分保险公司对直接在其营业机构购买汽车保险的消费者提供优惠。

(2)在保险代理人处购买。投保人可以通过代理人购买汽车保险。选择代理人时，应选择有执业资格证书、展业证及与保险公司签有正式代理合同的代理人；应当了解汽车保险条款中涉及赔偿责任和权利、义务的部分内容，防止个别代理人片面夸大产品的保障功能，回避责任免除等条款内容。

(3)其他途径购买。比如可以通过电话、网络等方式进行投保。

不同的购买渠道有各自的优缺点，需要客户结合自己的情况进行选择。

三、保险险种的选择

在选择好保险公司、投保渠道之后，就要选择投保险种。选择险种的总体原则是选适合自己的。除了交强险是必须购买的之外，客户可根据自己的实际情况合理搭配险种。车险险种可分为主险和附加险。主险包括车辆损失险、第三者责任险和车上人员责任险。一般情况下，三个主险都应该购买，这样出险时的重大损失基本上都能够获得赔付。附加险应选择适合自己的。以划痕险为例，如果是新车，最好购买划痕险。日常用车过程中发生剐蹭在所难免，而这对新车、好车来说，维修费却较高，因此划痕险必不可少。

四、避免重复投保和超额投保

有些车主认为多购买几份保险，在发生意外事故的时候就可以获得更多的赔偿。但我国《保险法》规定：重复保险的各保险人赔偿保险金的总和不得超过保险价值。所以车主重复投保是不能获得超额赔偿的。

有部分车主为了能够在发生交通事故后获得更高的赔偿，在投保的时候超额投保，比如在实际价值只有 20 万元的情况下，以 25 万元投保。我国《保险法》规定：保险金额不得超过保险价值，超过保险价值的，超过部分无效，保险人应当退还相应的保险费。

子任务 4　保险方案的设计

由于每辆车的使用环境不同，每位客户的驾驶习惯也不一样，即使是同样的车辆，在不同的时间段，客户的需求也是不一样的，因此在制定保险方案的时候要从实际出发，只有这样才能设计出客户满意的保险方案。

一、制定保险方案的原则

1. 充分保障原则

在制定保险方案的时候，先要对投保人的风险进行充分和专业的评估。只有在识别和评估风险的基础上制定出来的保险方案才能真正满足投保人的需要，才能把投保人容易发生的、相对可能性较大的风险包括进去，从而最大限度地分散投保人的风险。

2. 经济合理原则

经济性主要体现在保险方案价格的高低上。在制定保险方案的时候不仅要考虑方案价格绝对值的高低，更应注意保障的赔偿标准和免赔额。合理性主要是指在制定保险方案的时候，要确定所提供的风险保障对投保人而言是适用和必需的，避免为客户提供不必要的保障。

3. 充分披露原则

保险展业人员在制定保险方案的过程中应根据最大诚信原则，认真履行如实告知义务，将保险合同的有关规定，特别是可能对投保人或被保险人产生不利影响的规定详细告知。

二、常见的保险方案

1. 最低保障方案

(1)险种组合：机动车交通事故责任强制保险。

(2)保障范围：只对第三者的损失负赔偿责任。

(3)适用对象：急于上牌照或通过年检的个人。

(4)特点：适用于那些怀有侥幸心理、认为保险作用不大，或急于以保险单上牌照或验车的人。

(5)优点：可以用于上牌照或验车。

(6)缺点：一旦撞车或撞人，对方的损失能得到保险公司的一些赔偿，但是自己车的损失只能自己负担。

2. 基本保障方案

(1)险种组合：机动车交通事故责任强制保险＋车辆损失险＋第三者责任险。

(2)保障范围：只投保两种主险，不含任何附加险。

(3)特点：适用部分认为事故后修车费用很高的车主，为自己的车及第三者的人身伤亡和财产损毁寻求保障。此组合受很多车主青睐。

(4)适用对象：有一定经济压力的个人或单位。

(5)优点：投保的必要性较强。

(6)缺点：一旦发生事故，要根据事故责任比例承担相应的费用。

3. 经济保障方案

(1)险种组合：机动车交通事故责任强制保险＋车辆损失险＋第三者责任险＋车上人员责任险。

(2)特点：投保最必要、最有价值的险种。

(3)适用对象：个人，是精打细算的最佳选择。

(4)优点：保险性价比较高。

4. 最佳保障方案

(1)险种组合：机动车交通事故责任强制保险＋车辆损失险＋第三者责任险(100 万元以上限额)＋车上人员责任险＋车身划痕损失险＋附加机动车增值服务特约条款。

(2)特点：在经济保障方案的基础上，加入了车身划痕损失险和附加机动车增值服务特约条款，使乘客及车辆的易损部分得到了更安全的保障。

(3)适用对象：一般公司或个人。

(4)优点：投保价值大，物有所值。

5. 完全保障方案

(1)险种组合：机动车交通事故责任强制保险＋车辆损失险＋第三者责任险(100 万元以上限额)＋车上人员责任险＋全部附加险。

(2)特点：保全险，不必担心交通所带来的种种风险。

(3)适用对象：机关、事业单位、大公司。

(4)优点：几乎与汽车有关的全部事故损失都能得到赔偿。投保的人员不必因少保某一个险种而得不到赔偿，承担投保决策失误的损失。

(5)缺点：保全险保费较高，某些险种出险的概率非常小。

子任务 5 汽车保险承保的流程

一、承保的概念

承保指保险人在投保人提出投保请求时，经审核其投保内容后认为符合承保条件，同意接受其投保申请，并按照有关保险条款承担保险责任的过程。

二、汽车保险承保工作的目标

1. 真实性

系统录入的基础数据必须与原始凭证相符，代表投保人的真实投保意愿。

2. 准确性

在保证数据、信息真实性的基础上，确保准确、完整地录入核心业务系统。

3. 及时性

在规定时效内完成录入单的录入、核保、打印等，确保承保效率。

4. 盈利性

应遵守费率与风险匹配的原则，对于高风险业务，通过调整承保条件来确保盈利。

5. 合规性

承保各环节的操作必须严格遵守法律法规、监管部门、行业协会及公司的相关要求。

6. 完整性

完整性体现在完整采集承保数据，完整收集承保资料，完整录入业务系统，以及整个承保操作流程、管理流程的完整实施。

三、汽车保险承保工作的流程

保险公司承保业务的流程大体相同，主要包括以下环节：①保户投保，包括保户填写投保单、缴纳保费；②保险公司承保和签订保险合同，包括核保、出具保单、出具保费的收据；③保险标的发生损失后，保户向保险公司提出索赔；④保险公司查勘，属于保险责任的，保险公司支付赔偿，否则保险公司拒绝赔偿；⑤续保。下面重点介绍汽车保险承保的基本业务环节。

汽车保险承保工作的流程具体包括以下步骤：

(1) 保险人向投保人介绍保险条款，履行明确说明义务。

(2) 依据保险标的的性质、投保人的特点制定保险方案。

(3) 保险人计算保费，提醒投保人履行如实告知义务。

(4) 保险人提供投保单，投保人填写投保单。

(5) 业务人员检验保险标的，确保其真实性。

(6) 将投保信息录入业务系统(系统产生投保单号)，复核后利用网络提交核保人员核保。

(7) 核保人员根据公司的核保规定，并通过网络将核保意见反馈给承保公司。核保通过后，业务人员收取保费，出具保险单，需要送单的由送单人员递送保险单及相关单证。

(8) 承保完成后，进行数据处理，客服人员对客户进行回访。

为了能够顺利投保、出险后能够及时得到赔偿，在汽车保险承保过程中需要注意以下问题。

1. 说明与告知方面

保险人向投保人介绍条款时，要特别说明责任免除事项、交强险各分项赔偿限额、商业险承保项目，告知投保人不要重复投保，发生保险事故后，要在第一时间报案。被保险机动车所有权转移的，应当办理合同变更手续。同时要确保投保单由客户亲自签字/签章等。

2. 投保单的填写方面

所有投保单一律从系统中打印，交强险、商业险分开打印，打印后由客户亲自签字或盖章，并由业务人员向客户讲清承保项目、各项金额、各项保费、特别约定等。

3. 是否验车方面

要根据车辆投保时的具体情况，确定是否需要现场验车。比如：只投保交强险的机动车、按期续保且续保时未加保机动车损失保险及其附加险的机动车，或者是新保商业第三者责任保险及其附加险的机动车，可以免验。而对于第一次投保机动车损失保险及其附加险的机动车、未按期续保的机动车、续保时增加投保机动车损失保险及其附加险的机动车，或者中途申请增加投保机动车损失保险及其附加险的机动车，需要对投保车辆进行严格的检验。

4. 录入投保信息方面

在录入投保信息的时候，要严格按照系统及投保实务的要求录入保单信息。客户信息、车辆信息及保费、车船税信息等一定要准确无误，否则出险理赔的时候会产生很多麻烦。

5. 单证的打印方面

保单号生成以后需按照归档顺序进行保单、标志、保卡及发票的打印，打印后一并交给客户，同时请客户再次核对信息是否有误。

如果使用的是电子票据，应及时将电子保单、电子标志等资料发送给客户。

子任务 6 汽车保险核保

一、核保的概念

核保是指保险人对投保申请进行审核，决定是否接受承保这一风险，并在接受承保风险的情况下确定保险费率的过程。在核保过程中，核保人员会按标的物的不同风险类别给予不同的费率，以保证业务质量，保证保险经营的稳定性。

核保的目的在于辨别投保风险的优劣，并使可接受承保的风险品质趋于一致，即对不同风险程度的风险单位进行分类，按不同的标准进行承保，制定费率。

二、核保的意义

核保的本质是对可保风险的判断与选择，是承保条件与风险状况适应或匹配的过程。核保工作中对标的的选择及对承保条件的制定直接影响保险企业业务质量的高低和盈利的大小，是保险企业防范经营风险的第一关，也是最重要的一关。

1. 防止逆选择，排除经营中的道德风险

由于信息的不完整、不精确和不对称，保险公司的经营过程存在一定的风险。信息的不对称主要是因为投保人或被保险人比较了解并且能够较精确地评估自身的风险，而保险人却难以做到。虽然投保人在投保时应履行充分告知的义务，但是事实上仍然存在着信息的不精确和不完整问题，这种现象的存在导致投保人或被保险人存在一定的道德风险和逆选择，给保险公司的经营带来了潜在风险。保险公司通过建立核保制度，可以有效规避或排除这一隐患。

2. 确保业务质量，实现经营的稳定

保险公司在经营过程中往往存在以下问题：一是展业人员的素质参差不齐，无法保证承保的质量；二是在提高市场占有率的同时可能会忽略拓展业务方面的管理；三是开发新的保险领域后，风险因素可能增加。核保制度是保险公司防范、避免和解决以上问题，强化经营风险管理的重要手段。

三、核保的基本要求

1. 加强核保和业务选择

核保是保险人对将要承保的业务加以全面评价、估计和选择，以决定是否承保的过程。它有利于合理分散风险，促进被保险人防灾防损，减少实质性损失。

2. 制单工作的具体要求

核保时可以发现制单中存在的问题，提高制单质量。核保的具体要求包括核查单证是否齐全、保险合同三要素是否明确、数字是否准确、字迹是否清楚等。

四、核保的内容

核保原则上采用三级核保制度，先由展业人员进行初步核保，再由保险代理人核保，最后由保险公司的专业核保人员复核，决定是否承保，确定适用的保险费率等。核保的程序一般包括审核投保单、查验车辆、核定保险费率、计算保险费、复核等。

1. 审核投保单

(1)审查投保单的各项内容是否完整、清楚、准确。

(2)验证车辆相关证明材料，对其进行详细审查，如车辆行驶证、介绍信等。

(3)检查投保人的称谓与其签章是否一致、与其行驶证上的名称是否相符。若不符，另需提供其对投保车辆拥有可保利益的书面证明。

2. 查验车辆

重点查验车辆为：首次投保车辆；未按期续保车辆；投保第三者责任险后，又加保车损险的车辆；申请增加附加险的车辆；接近报废的车辆；特种车辆；重大事故后修复的车辆。

(1)检验投保车辆的行驶证是否与保险标的相符。

(2)检验投保车辆的年检是否合格，是否合法，确定其使用性质。

(3)检验车辆的号码、发动机号码、车型、车身颜色是否与行驶证一致。

(4)对投保车辆本身进行实际查验：

①核对车辆是否真实存在；

②检查车体有无受损，车内是否配置了消防和防盗装置；

③重点检查车辆的转向、制动、灯光、喇叭、雨刮器等涉及操纵安全性的因素，确认其行车可靠；

④检查车辆的发动机、底盘、电气、车身等四大主要组成部分的技术状况，从而确定整车的新旧程度。

3. 核定保险费率

根据投保单上所列的车辆情况和保险公司的机动车辆保险费率标准，确定投保车辆的保险费率。

(1)确定车辆的使用性质

①家庭自用车辆；

②非营业车辆：指各党政机关、社会团体、企事业单位自用的车辆；

③营业车辆：指从事社会运输并收取运费的车辆。

(2)分清车辆的种类

①国产与进口车辆的划分。进口车辆指从中国境外直接进口的整车以及全部由进口零件组装的车辆，其余都为国产车辆。进口车辆按进口车费率计费。

②货车。所有通用载货车辆、厢式货车、集装箱牵引车、电瓶运输车、简易农用车、装有起重机械但以载重为主的起重运输车等，均按其载重量分档计费。客货两用车按客车或货车中相应的高档费率计费。

4. 计算保险费

(1)机动车辆保险基本险费率表和机动车辆保险附加险费率表适用于保险期限为一年的保险费率计算。

(2)投保时，保险期限不足一年的按短期月费率计收保险费，保险期限不足一个月的按整月计费。

(3)对其他特种车辆，在费率表中选择相应的档次计费。

5. 复核

计算保险费后，依据核保手册，对计算的保险费进行复核。在复核时，如果遇到一些核保手册中没有明确规定的问题，需交上级处理。

五、核保的方式

1. 三级核保

三级核保又称一线核保。业务员在车险险种的选择中占有重要的地位，因为在业务拓展过程中，业务员直接与投保人和被保险人接触，对其情况及投保标的最了解。

做好一线核保工作，可以避免逆选择，提高工作效率，减少合同纠纷，提升业务质量。三级核保人会根据各种情况，将被保险人进行分类，按不同的条件承保。

2. 二级核保

二级核保是对三级核保的内容再次进行审核，或者是对三级核保无法确定的事项给予意见与建议。如对费率表中没有列明的车辆，包括高档车和其他专用车辆，可视风险情况提出厘定费率的意见。

审核完成后，核保人应在投保单上签署意见。对超出本级核保权限的，应报上级公司核保。对不符合要求的，退给业务人员指导投保人重新填写，进行相应的更正。

3. 一级核保

一级核保是根据掌握的情况考虑能否承保；对投保单中涉及的险种、保费、保额提出限制性或调整性意见；确定已接受的投保单是否符合保险监管部门的有关规定。

一级核保完成后，应签署明确的意见并立即返回公司。

核保工作结束后，核保人将投保单、投保意见一并转给业务内勤部门处理。

任务实施

1. 分组

将班级进行分组，一个小组的人数以 6～8 人为宜，小组的划分要充分考虑学习实力的均衡、性别、性格等问题，形成一个团结协作的团队。小组内 2 人形成一个组合，1 人扮演车主，另 1 人扮演汽车保险销售人员。

2. 小组讨论与交流

分小组进行讨论与交流，根据汽车保险销售岗位的职责要求，结合车主的实际情况为其设计汽车保险方案，介绍汽车保险投保流程和需要注意的问题。

3. 小组模拟训练

各小组以 2 人为一个组合开展模拟训练，1 人扮演车主，另 1 人扮演汽车保险销售人员，然后再互换角色，介绍为车主设计的汽车保险方案并简要说明设计原因。小组成员共同讨论各组合的模拟表现情况，不断改进，推荐表现最优秀的组合进行汇报。

4. 小组汇报评比

各小组进行汽车保险投保方案介绍。各小组先进行自评，找出自己的优势和不足；再进行小组间互评，找出不足；最后由教师进行点评。考核标准见表 2-9。

表 2-9　考核标准

序号	考核内容	考核要点	分值	小组自评（30％）	小组互评（40％）	教师点评（30％）	得分
1	设计方案	险种选择依据是否充分	10				
		是否能帮助客户解决实际问题	30				
		表述是否正确	20				
2	汇报表现	语言表达是否清晰	10				
		是否能解答客户的疑问	20				
		仪容仪表是否得体	10				
合　计							

5. 个人小结

任务知识巩固

习题答案 2.3

一、名词解释

1. 保险展业
2. 承保
3. 核保

二、简答题

1. 汽车保险展业人员应具备哪些条件？
2. 购买汽车保险的渠道有哪些？
3. 制定保险方案应该遵循哪些原则？
4. 核保有什么意义？

项目 3　车险查勘与理赔

任务 1　现场查勘

任务分析

小周在工作后为自己买了一辆代步车用于上下班。作为新手，他在汽车保险销售人员的建议下购买了车损险、第三者责任险、附加车身划痕损失险等。一次外出游玩过程中，小周操作不当，和一辆桑塔纳轿车相撞，双方都有不同程度的受伤。

出现保险责任事故后，车主要及时向保险公司报案。作为汽车保险现场查勘人员，要想为客户解决问题，需要完成下列任务：

(1)熟悉简单交通事故的责任认定方法。

(2)根据实际情况开展现场查勘。

(3)为客户解决相关问题。

任务目标

(1)专业能力目标。①掌握事故现场查勘流程；②掌握现场查勘的主要内容。

(2)方法能力目标。掌握机动车交通事故责任简易认定的方法。

(3)社会能力目标。能运用所学现场查勘知识进行事故现场的一般处理。

任务知识链接

车险现场查勘是保险公司在发生事故后派专业人员前往事故现场进行勘查和调查的一项工作。其目的是确定事故的原因、责任及损失的程度，为保险公司提供准确的数据，以便进行理赔。车险查勘的过程能够确保保险理赔的公正性和准确性，有效防止保险公司和投保人之间因保险理赔发生纠纷，保障双方利益。

子任务 1　交通事故的责任认定

随着我国机动车保有量的不断增加，每天都会发生很多交通事故。保险公司是根据事故责任大小对事故车辆的损失进行赔偿的。机动车交通事故简易责任认定是车险查勘员必备的基础知识。

一、追尾事故的责任认定

1. 前车正常行驶，后车追尾

在前车 B 正常行驶的情况下，后车 A 因为车速过快、精神不集中等原因冲上来造成追尾事故的，由后车 A 负全部责任(图 3-1)。

图 3-1 前车 B 正常行驶，后车 A 追尾的情形

2. 前车违法倒车，造成追尾

错过了转弯路口在道路上强行倒车，往往会导致后车反应不及时而发生追尾事故。若后车车速过快，极易造成车毁人亡的重大交通事故。如图 3-2 所示，在后车 B 正常行驶的情况下，前车 A 突然倒车导致的追尾事故，由 A 车负全责。

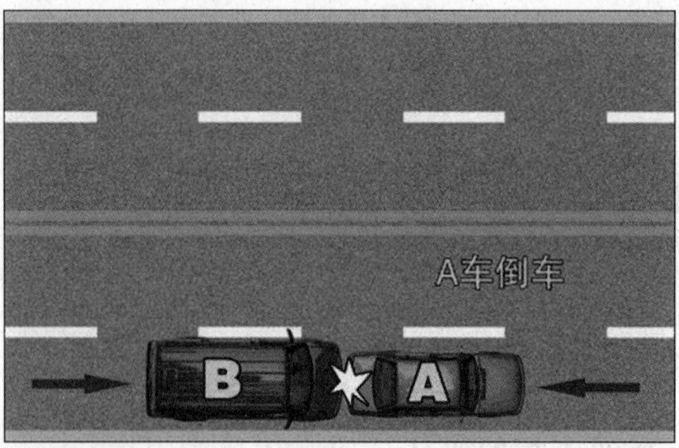

图 3-2 前车 A 违法倒车，造成追尾的情形

3. 坡上溜车造成的追尾

当 A 车行驶在斜坡上时突然熄火，驾驶人未能及时制动，而后车距离较近时容易造成溜车追尾。斜坡起步操作不当也可能发生溜车碰撞。如图 3-3 所示，坡上溜车造成追

尾，A 车负全责。

图 3-3　坡上溜车(A)造成的追尾

4. 在正常行驶的道路上停车，导致追尾事故

在正常通行的道路上停车，是非常容易导致追尾事故的，尤其是在车速较快的路段和高速公路上。如果因为车辆故障而被迫停在路上，须在车子后面放置三角警示牌并开启双闪灯。

二、变道、超车造成的事故的责任认定

1. 违规变更车道造成事故

变更车道时，未让正在该车道内行驶的车先行而造成碰撞事故的，由变更车道的 A 车负全责(图 3-4)。变换车道一定要提前打方向灯，并观察后车的车速和反应，在车距和速度合适的情况下完成变道。

图 3-4　违规变更车道造成事故

2. 超越前方正常左转弯车辆时发生的碰撞事故

超越前方正常左转弯车辆时发生的碰撞事故，如图 3-5 所示，由 A 车负全责。前方车辆已经在左转，如果后车要超车，很容易发生碰撞事故。

图 3-5　超越前方正常左转弯车辆时发生的碰撞事故

3. 超越前方正在掉头车辆时发生的碰撞事故

超越前方正在掉头车辆时发生的碰撞事故，如图 3-6 所示，由 A 车负全责。前方车辆在掉头过程中已经占用前进的大部分道路，这时后车如果要强行超车，很容易造成碰撞事故。

图 3-6　超越前方正在掉头车辆时发生的碰撞事故

4. 超越前方正在超车的车辆时发生的碰撞事故

超越前方正在超车的车辆时发生的碰撞事故，如图 3-7 所示，由 A 车负全责。超车往往需要两个条件：①车速瞬间大幅度增加；②超车道空闲且与后车距离较大。如果后车想要超越前面正在超车的车辆，必须车速更快，占用更宽的道路，这样非常容易发生事故。

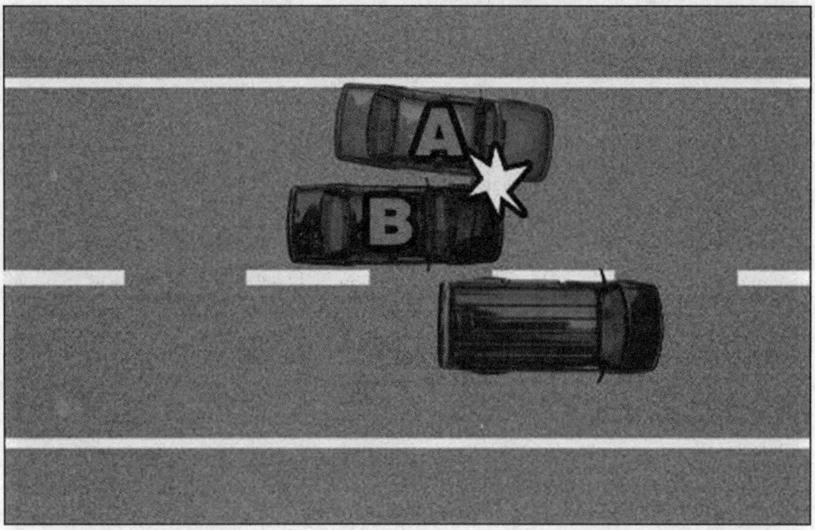

图 3-7　超越前方正在超车的车辆时发生的碰撞事故

三、掉头、坡路事故的责任认定

1. 车辆在掉头时没有避让直行车辆造成的碰撞事故

车辆在掉头时没有避让直行车辆造成的碰撞事故，如图 3-8 所示，由 A 车负全责。相对于掉头车来说，直行车拥有道路的优先使用权，车辆在掉头时可以稍微驶出一小部分，让直行车辆注意到车辆掉头的意图并进行避让，然后再进一步完成掉头动作。

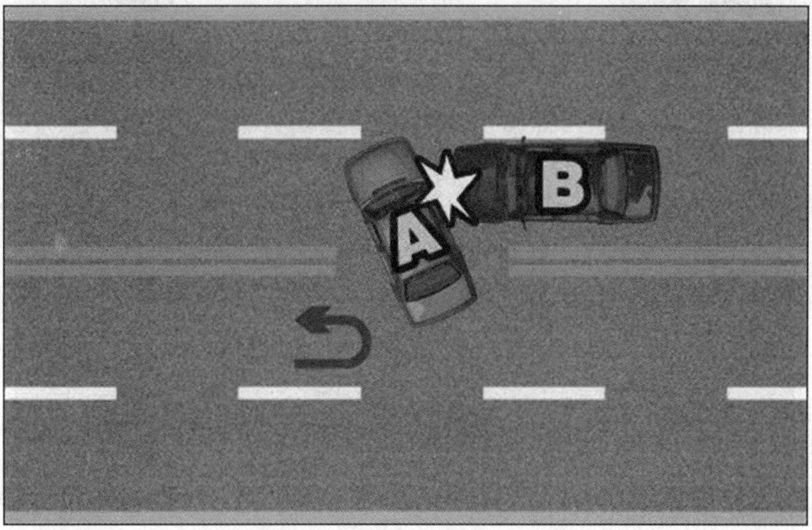

图 3-8　违规掉头造成事故

2. 禁止掉头的地方掉头造成的事故

在有禁止掉头标志、标线的地方及人行道、桥梁、陡坡、隧道掉头时发生的碰撞事故，如图 3-9 所示，由 A 车负全责。

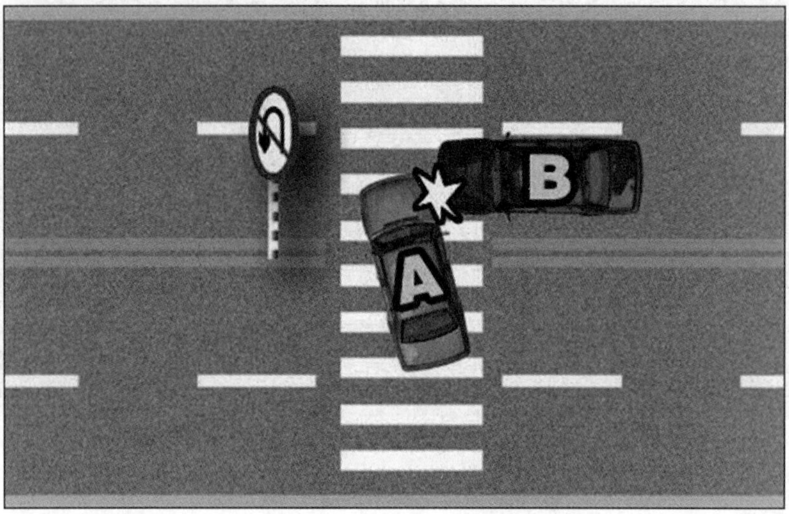

图 3-9　禁止掉头的地方掉头造成事故

3. 下坡车没有避让已经上坡的车造成的事故

在坡道上，下坡车没有避让已经上坡的车造成的事故，如图 3-10 所示，由 A 车负全责。

图 3-10　下坡车没有避让已经上坡的车造成事故

4. 上坡车没有避让已经下坡的车造成的事故

在没有中心隔离带设备或者没有中心线的上下坡路段，下坡车已经行至中途时，上坡车 A 车没有让行造成的碰撞事故，由 A 车负全责，如图 3-11 所示。

图 3-11　上坡车没有避让已经下坡的车造成事故

四、常见的路口碰撞事故的责任认定

1. 闯红灯造成的碰撞事故

闯红灯造成的碰撞事故，如图 3-12 所示，由 A 车负全责。

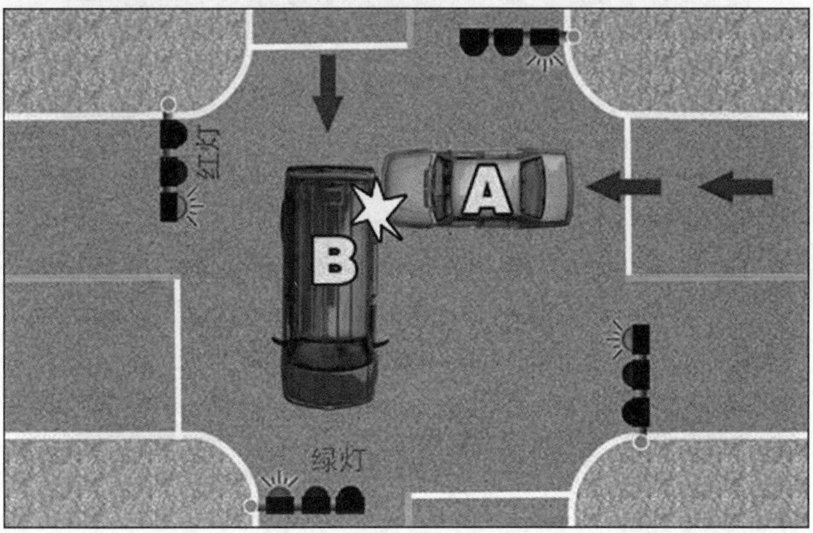

图 3-12　闯红灯造成的碰撞事故

2. 转弯车未避让直行车辆造成的碰撞事故

如果路口没有信号灯控制，也没有交警指挥，转弯车就要避让直行车，原因是直行车比转弯车的车速更快，更不利于避让。如果因为不及时避让而发生碰撞事故，如图 3-13 所示，A 车就要负全部责任。

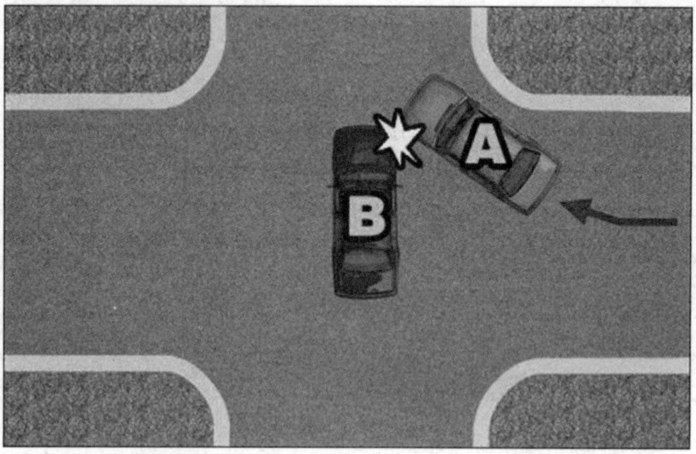

图 3-13　转弯车未避让直行车辆造成的碰撞事故

3. 无标线路口未让行右侧车造成的碰撞事故

在无标志、无标识、无指挥的路口，应先避让右侧车辆。如图 3-14 所示，右侧车辆受 A 车阻挡影响，左侧形成一个视线盲区，不容易发现左侧来车。经过“三无”路口时，由于 A 车没有避让右侧车辆造成的事故，由 A 车负全责。

图 3-14　无标线路口未让行右侧车造成的碰撞事故

4. 未让行环形道路内的车辆造成的碰撞事故

准备进入环形道路的车辆没有避让已经在环形道路内的车辆造成的碰撞事故，如图 3-15 所示，由 A 车负全责。

图 3-15　未让行环形道路内的车辆造成的碰撞事故

五、其他碰撞事故的责任认定

1. 在专用车道内造成的碰撞事故

在专用车道内造成的碰撞事故，如图 3-16 所示，由 A 车负全责。

图 3-16　在专用车道内造成的碰撞事故

例如在公交车专用道发生事故，无论造成事故的是闯入者还是公交车，负全责的都是闯入者。

2. 未按交警指挥行驶造成的碰撞事故

不听从交警指挥造成事故的，如图 3-17 所示，由 A 车负全责。

在交通拥堵路段或者有事故发生的路段，都会有交警在现场对交通进行疏导和引流。这种情况下，要听从交警的指挥。

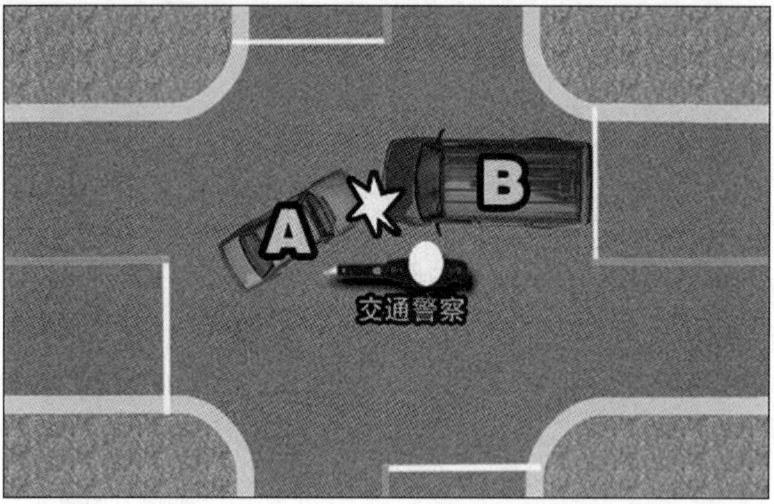

图 3-17　未按交警指挥行驶造成的碰撞事故

子任务 2　现场查勘流程

一、现场查勘的定义

现场查勘是指运用科学的方法和现代化的技术手段，对保险事故现场进行实地勘察和查询，将事故现场、事故原因等内容完整而准确地记录下来的工作过程。

二、现场查勘的目的和意义

(1)通过现场查勘，确定事故原因、事故责任、保险责任，初步估计损失情况，协助客户现场施救，向客户提供索赔指引等。

(2)通过实际查勘、检查，根据事故车辆的损失情况，与被保险人、修理厂协商确定零部件更换项目及价格、维修项目及工时费，以确定保险车辆的损失情况。

三、现场分类

根据现场的完整真实程度，可将现场分为：

1. 原始现场

原始现场是指事故发生以后，在现场的车辆和遗留下来的一切物体、痕迹仍保持着事故发生的原始状况没有变动和破坏的现场，常被称作第一现场。这种现场保留了事故的原貌，可为事故原因的分析与认定提供直接证据，是现场查勘最理想的出险现场。

2. 变动现场

变动现场是指事故发生后，改变了现场原始状态的一部分、大部分或全部面貌的现场，也称非第一现场、第二现场。

3. 恢复原始现场

在保险查勘中，时常碰到被保险人或保险事故当事人对保险人现场查勘要求不甚了解，以至于对一些单方车损事故未保存原始现场。保险人为了规避道德风险，通常要求被保险人或当事人提供原始现场，这就出现了恢复原始现场。即被保险人或当事人为了证明保险事故的真实性，将保险车辆恢复到保险事故发生时的“原始”状况。

4. 伪造现场

伪造现场是指与事故有关或被唆使的人员有意改变现场的车辆、物体、痕迹或其他物品的原始状态，甚至对某个部位进行拆卸和破坏，企图达到逃脱罪责或嫁祸于人的目的的行为。

四、查勘任务的分类

车险查勘中通常将原始现场查勘和恢复原始现场查勘统称为第一现场查勘，将其他现场查勘称为非第一现场查勘。与此相应，查勘任务也分为第一现场查勘任务和非第一现场查勘任务。

1. 第一现场查勘任务

第一现场查勘任务指事故发生后，标的车辆仍在现场未发生变动或依据相关法律法规等规定从标注现场位置撤离到不妨碍交通畅通地点位置等待处理的任务。

2. 非第一现场查勘任务

非第一现场查勘事故指事故当事人及车辆已离开第一现场，车辆已在停车场或交警扣车点或修理厂，伤者已在医院的任务。

五、车险查勘的流程

车险查勘的流程如图 3-18 所示。

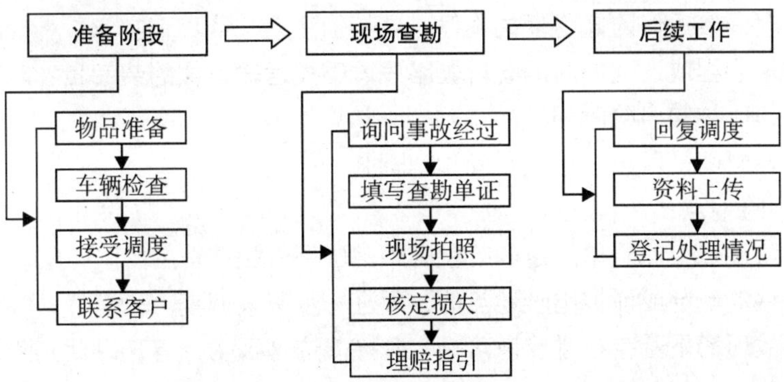

图 3-18　车险查勘流程图

六、现场查勘的内容

1. 查明肇事驾驶员和报案人情况

(1)确认肇事驾驶员和报案人身份，核实其与被保险人的关系。

(2)查验肇事驾驶员的驾驶证。

(3)若发现标的车驾驶员有酒后或醉酒以及有吸食或注射毒品、被药物麻醉嫌疑且当时未向交管部门报案的，应主动要求肇事驾驶员和报案人立即向交管部门报案(若标的当事人不配合向交管部门报案，需说明利害关系，必要的时候代为报案)，并做好询问及取证工作。

(4)准确记录被保险人或驾驶员的联系方式。

2. 查验出险车辆情况

(1)查验保险车辆信息

①查验车型、车牌号码、发动机号、VIN 码、车辆颜色等信息，并与保险单(手机查勘定损系统中的保单信息)以及行驶证内容进行核对。

②查验标的车辆保险期限是否有效(手机查勘定损系统中的保单信息)。

③查验标的车辆出险时的使用性质与保单载明的使用性质是否相符。

④查验车辆结构有无改装或加装，是否有车辆标准配置以外的新增设备。

⑤查验是否运载危险品。

⑥查验是否有超载情况。

(2)查验第三方车辆信息

①查验并记录第三方车辆的车牌号码、车型，以及第三方交强险和商业险承保内容与承保公司。

②记录第三方驾驶员姓名、联系方式等信息，核对交强险标志与保单内容是否相符并拍照。

3. 查明出险经过

(1)核实出险时间

①对出险时间接近保险起讫期的案件，应特别注意，认真查实。

②了解车辆启程或返回的时间、行驶路线、委托运输单位的装卸货物时间、伤者住院治疗的时间等，以核实出险时间。

③核对报案时间是否超过出险时间 48 小时。

(2)核实出险地点

①查验出险地点与保险单约定的行驶区域范围是否相符。

②对擅自移动现场或谎报出险地点的，须进一步深入调查。

③查验事故现场是否存在碰撞散落物、碰撞痕迹是否吻合等，以此判断是否为事故第一现场。

④对于盗抢险案，应在车辆被盗地点周围进行调查询问，以确定出险时间内车辆是否

被真实停放过。

(3)查明出险原因

出险的真实原因是判断保险责任的关键，对原因的确定应深入调查，切忌主观武断、先入为主。

4. 判断保险责任

(1)对事故是否属于保险责任进行初步判断。应结合承保情况和查勘情况，分别判断事故是否属于机动车交通事故责任强制保险或商业机动车辆保险的保险责任，对是否立案提出建议。

(2)对不属于保险责任或存在条款列明的责任免除、加扣免赔情形的，应收集好相关证据。

(3)暂时不能对保险责任进行判断的，应在查勘记录中写明理由。

(4)根据事故涉及的损失情况和损失金额，初步判断事故涉及的责任险别。

(5)对于本次查勘案件在系统内有历史赔付记录的，必须调出历史赔付记录，核对历史记录中的损失照片及定损资料，确认是否与本次损失有联系。存在同一损失重复索赔的，应剔除该损失或予以拒赔。

(6)初步判断责任划分情况

①交警部门介入事故处理的，依据交警部门的认定。

②交警部门未介入事故处理的，可指导当事人根据《中华人民共和国道路交通安全法》及《中华人民共和国道路交通安全法实施条例》、《交通事故处理程序规定》和当地有关交通事故处理法规，协助事故双方协商确定事故责任并填写“协议书”。

③当事人自行协商处理的，应根据“协议书”内容，结合有关交通事故处理法规核实事故责任。发现明显与实际情况不符的，应要求被保险人重新协商或由交警出具交通事故认定书。

5. 对于损失金额超过5000元的案件缮制查勘记录

(1)根据查勘情况，认真、详尽地填写查勘报告，肇事司机或报案人应在查勘报告上签字确认。

(2)涉及人员伤亡的，要分别登记保险车辆车上人员和三者车辆、车外人员的死亡、受伤人数。

(3)对于多车互碰的案件，应对所有三者车辆的基本情况逐车进行记录。

(4)对事故中受损的财产，详尽记录受损物的名称、类型、规格、数量、质量等。

(5)重大、复杂或有疑点的案件，应在询问有关当事人、证明人后，在“车险事故查勘询问笔录”中记录，并由被询问人签字确认，及时上报公司相关负责人。

(6)对查勘中发现的问题，需提醒在下一步理赔环节中应注意的问题，并在查勘报告中详细注明。

(7)绘制现场草图。现场草图应基本能够反映事故现场的道路、方位、车辆位置、肇事各方行驶路线、外界因素等情况。

七、查勘意见

查勘意见是查勘人员对事故进行查勘后，对事故相关情况的说明和对事故的分析、判断与意见。

1. 查勘意见范例

(1)事故经过：标的车于上述时间在长江路由北向南行驶时，其左后门与同方向行驶、正在左侧车道超车的三者车右前部发生碰擦，造成双方车辆不同程度的损失，无人员受伤事故。

(2)已报交警处理，三者车承担本次事故全部责任，标的车无责。

(3)经验车，贵A×××××确属本公司承保车辆，两证齐全、有效，双方碰撞痕迹明显，属双方碰撞责任事故，应提供交警事故责任认定书。

(4)已确定双方车辆损失情况，标的车车损由三者承担赔偿，本次事故无施救费用，标的车应在交强险无责任赔偿范围赔偿三者车损。

(5)已告知标的驾驶员本次事故的索赔程序及需提供的资料。

2. 查勘意见要素

(1)出险原因及经过描述：必须体现出险时间、地点，双方车辆行驶路线和动态行为以及碰撞部位、事故性质。

(2)事故处理部门的处理结论或意见说明。

(3)验证标的，对车辆、驾驶员以及相关证件的说明。

(4)事故损失、施救情况补充说明。

(5)根据事故性质告知客户赔偿流程、需提交的相关资料。

八、查勘现场简图的绘制

查勘简图是反映事故现场的简单图例。绘制查勘简图，主要采用俯视图，必须反映出事故发生的地点、方位、车辆及其运动轨迹、碰撞物体和简单标识等要素。用A4空白纸绘制后拍照上传到系统。

1. 绘图要求

绘图必须反映出险的地点、路名(如长江路)、明显的标志性建筑(如智慧大厦)。

2. 发生事故的方位

绘图应准确地标明发生事故地点的方向(如标明上北下南)。

3. 车辆及其运动轨迹

绘图应按照要求画出车辆(按照车辆的类型)，标明车辆的运动轨迹及运动方向(用带方向的箭头表明，如图3-19所示)。

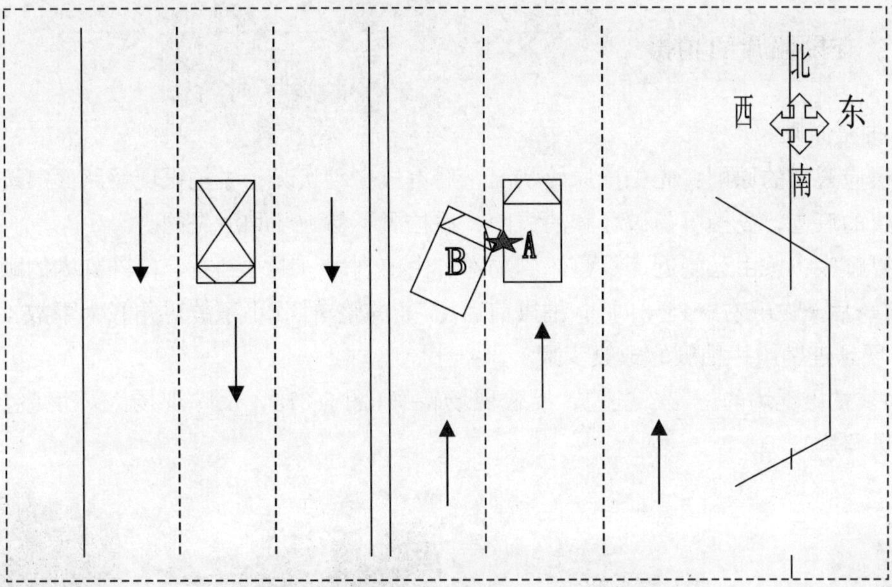

图 3-19　现场简图绘制

4. 简单标识

绘图应就车辆及碰撞物体作出标识(如用英文字母 A、B 等标注)，并做简要说明(如标的车、三者车等)。

简图绘制规范图标如图 3-20 所示。

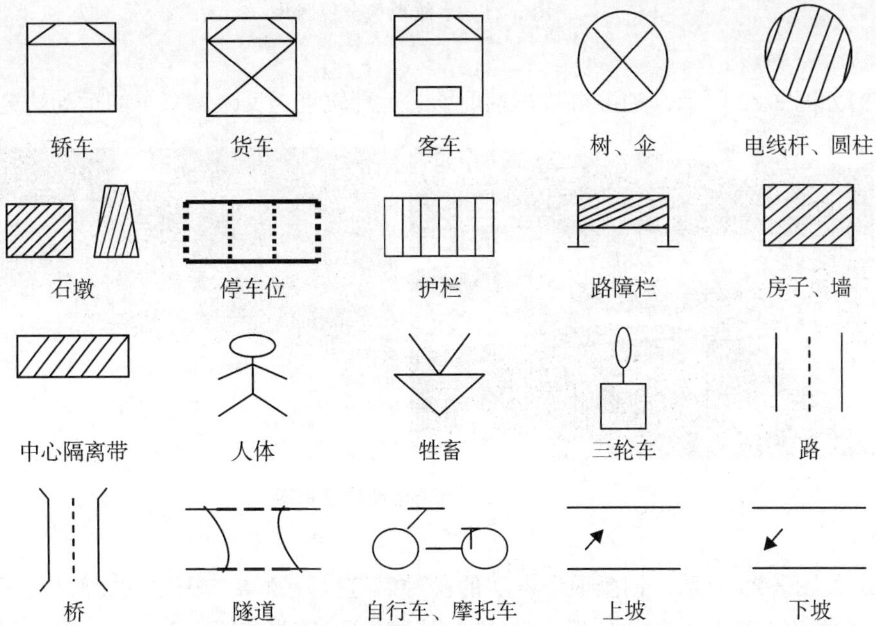

图 3-20　绘图图标

九、查勘照片的拍摄

1. 拍摄原则

拍摄应遵循的原则：先拍摄原始状况，后拍摄变动状况；先拍摄现场路面痕迹，后拍摄车辆上的痕迹；先拍摄易破坏和消失的，后拍摄不易破坏和消失的。

拍摄顺序：按由远到近、从整体到局部、由前到后、由左到右、由外到内的顺序进行拍摄(前→后→左→右→外→内)。拍摄前后 45°角的整车照(小事故对角；大事故 4 个角)。

2. 现场查勘照片拍摄的一般步骤

(1)须拍摄现场的位置、全貌，反映现场轮廓(图 3-21)，反映现场大环境(包括复查第一现场照片)。

图 3-21　事故现场全貌照片

(2)如图 3-22 所示，拍摄事故车辆现场的运动轨迹，反映肇事车的运动轨迹。

图 3-22　现场运动轨迹拍摄

(3)如图 3-23 所示，拍摄现场发现的各种痕迹以及肇事车辆的碰撞部位、碰撞情况，主要包括肇事车辆和其他物体接触部分的表面痕迹、肇事车辆刹车拖印痕迹，以及现场遗留的其他痕迹、肇事车辆号码等。

图 3-23　现场痕迹比对照片

(4)如图 3-24 所示，对事故现场损失细目进行拍照。

图 3-24　现场损失细目拍照

(5)如图 3-25 所示，肇事车辆需要拖到修理厂拆检定损的(大事故)，对前挡、仪表及其他单个备件价值高、容易拆卸的部件进行拆解前拍照。

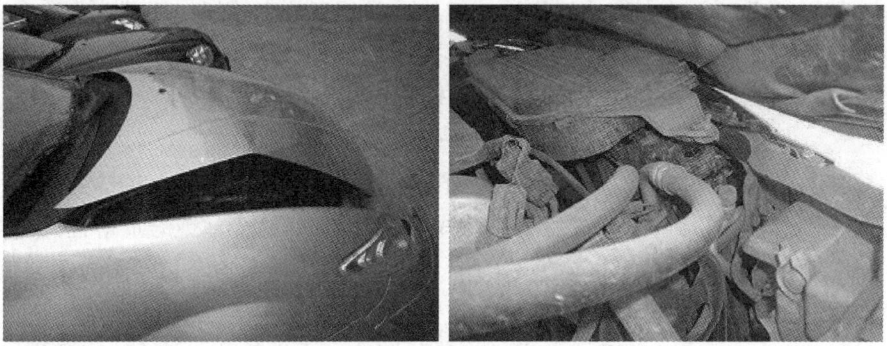

图 3-25　拆解前拍照

(6)如图 3-26 所示，拍摄车架号码，保险单(卡)，肇事司机的驾驶执照正、副证，肇事车辆的行驶证正、副本(若无，须说明原因)。

(7)为了防止造假，查勘员要进行人车合影，如图 3-27 所示。

图 3-26　车架号码、驾驶证、行驶证拍摄

图 3-27　查勘员人车合影

3. 车损查勘照片的拍摄

(1)45°角拍整车(能反映车牌号码、受损部位情况的 45°角前后对角线方向拍摄，从受损边拍起)。

(2)车损部位拍照。

(3)必须有反映碰撞接触部位的正面清晰照片。

(4)对受损部位整体相向拍照，以确定碰撞痕迹和损失范围。

(5)凡需要更换或修理的部件、部位，均必须进行局部特写拍照。

(6)车辆拆检后，必须对事故部位补拍照片，并能反映事故损伤原因。

(7)对照片不能反映出的裂纹、变形，要用手指向损坏部位拍照或对比拍照或标识拍照，以反映损伤原因，尤其是对事故造成的轴、孔损伤进行拍摄的，一定要有实测尺寸照片。

(8)对价格较高的损坏件、内部件，必须有能够反映损坏情况的单独的照片。

(9)对个别易污部位或损坏细微不易分辨的配件，如铸铁壳体或玻璃等处的细小裂纹，要求在拍摄单独的整体照片之后，擦拭干净，选取合适的拍摄角度和距离，调整焦距，增加指示标志，拍摄近距离特写。

(10)更换发动机、变速箱总成，必须有散体照片；更换驾驶室总成，必须有 4 个角度的整体照片。

(11)对角 45°角拍摄、人车合影；拍摄驾驶执照正、副证，肇事车辆的行驶证正、副本(若无，须说明原因)。

(12)车架号、保险单(卡)、肇事司机等的拍照。

任务实施

1. 分组

将班级进行分组，一个小组的人数以 6～8 人为宜，小组的划分要充分考虑学习实力的均衡、性别、性格等问题，形成一个团结协作的团队。小组内 2 人形成一个组合，1 人扮演车主，另 1 人扮演汽车保险现场查勘工作人员。

2. 小组讨论与交流

分小组进行讨论与交流，根据汽车保险现场查勘岗位的职责要求，结合事故的实际情况开展现场查勘，填写现场查勘报告(图 3-28)。

中国人民财产保险股份有限公司机动车保险事故现场查勘记录

保险单号：　　　　　　　　　　　　　　　　　　　　　　报案编号：

<table>
<tr><td colspan="2">出险时间：　年　月　日</td><td colspan="2">出险地点：　省　市　县</td><td>案件性质(□自赔□本代□外代)</td></tr>
<tr><td colspan="2">查勘时间：　年　月　日</td><td colspan="2">查勘地点：</td><td>是否第一现场：□是　□否</td></tr>
<tr><td rowspan="4">保险车辆</td><td>厂牌型号：</td><td colspan="2">发动机号：</td><td>号牌底色：</td></tr>
<tr><td>号牌号码：</td><td colspan="2">车架号(VIN)：</td><td>初次登记日期：</td></tr>
<tr><td>驾驶人姓名：</td><td colspan="3">驾驶证号：□□□□□□□□□□□□□□□□□□　准驾车型：</td></tr>
<tr><td>初次领证日期：年　月　日</td><td colspan="2">性别：□男　□女</td><td>联系方式：</td></tr>
<tr><td rowspan="3">三者车辆</td><td>厂牌型号：</td><td colspan="2">号牌号码：</td><td>交强险保单号：</td></tr>
<tr><td>驾驶员姓名：</td><td colspan="3">驾驶证号：□□□□□□□□□□□□□□□□□□　起保日期：</td></tr>
<tr><td>初次领证日期：年　月　日</td><td>性别：□男　□女</td><td>准驾车型：</td><td>联系方式：</td></tr>
<tr><td rowspan="6">事故信息</td><td>出险原因</td><td colspan="3">□碰撞　□倾覆　□坠落　□火灾　□爆炸　□自燃　□外界物体坠落、倒塌
□雷击　□暴雨　□洪水　□雹灾　□玻璃单独破碎　□其他(　)</td></tr>
<tr><td>事故类型</td><td colspan="3">□单方肇事　□双方事故　□多方事故　□仅涉及财产损失　□涉及人员伤亡</td></tr>
<tr><td>事故涉及的第三方机动车数：</td><td colspan="2">第三者伤亡人数：伤　人，亡　人</td><td>车上人员伤亡人数：伤　人，亡　人</td></tr>
<tr><td colspan="3">事故处理方式：□交警□自行协商□保险公司□其他(　)</td><td>是否需要施救：□是　□否</td></tr>
<tr><td colspan="3">预计事故责任划分：□全部□主要□同等□次要□无责</td><td>核定施救费金额：</td></tr>
<tr><td colspan="4"></td></tr>
<tr><td>查勘信息</td><td colspan="4">被保险机动车出险时的使用性质　□家庭自用　□营业　□非营业
被保险机动车驾驶人是否持有有效驾驶证　□是　□否
被保险机动车驾驶人准驾车型与实际驾驶车辆是否相符　□是　□否
驾驶专用机械车、特种车及营业性客车的人员是否有相应的有效操作证、资格证　□是　□否
被保险机动车驾驶人是否为酒后驾车　□是　□否</td></tr>
</table>

图 3-28　现场查勘报告

3. 小组模拟训练

各小组以 2 人为一个组合开展模拟训练，1 人扮演车主，另 1 人扮演汽车保险现场查勘工作人员，根据实际案例情况模拟现场查勘工作。小组成员共同讨论各组合模拟表现情况，不断改进，推荐表现最优秀的组合进行汇报。

4. 小组汇报评比

各小组进行现场查勘情况汇报。各小组先进行自评，找出自己的优势和不足；再进行小组间互评，找出不足；最后由教师进行点评。考核标准见表 3-1。

表 3-1　考核标准

序号	考核内容	考核要点	分值	小组自评（30%）	小组互评（40%）	教师点评（30%）	得分
1	现场查勘报告	责任的认定是否清晰	10				
		是否能帮助客户解决实际问题	30				
		表述是否正确	20				
2	汇报表现	语言表达是否清晰	10				
		是否能解答客户疑问	20				
		仪容仪表是否得体	10				
合计							

5. 个人小结

任务知识巩固

一、单选题

1. 属于现场查勘工作内容的是(　)。

习题答案 3.1

A. 查明出险时间、地点　　B. 查明出险车辆情况

C. 查清驾驶人情况　　D. 以上答案均正确

2. 交通事故中的财产损失一般包括(　)。

A. 车辆、财产的直接损失　　B. 现场抢救人身伤亡善后处理的费用

C. 停工、停业等造成的财产间接损失　　D. 停车费、罚款

3. 查勘时，对行驶证的查验应注意(　)。

A. 行驶证的真伪

B. 行驶证副页上检验合格章的真伪，即行驶证的有效期

C. 行驶证车主与保险单登记的是否相同

D. 以上答案均正确

4. 去外地查勘定损时，正确的处理方法是(　)。

A. 修理厂对外地车辆有哄抬价格现象，去外地查勘定损时，估价应留有余地，以作为让步条件

B. 外地估价时切忌拖泥带水，能够实行费用包干的，尽可能包干

C. 一般情况下不能留待查项目，对确实无法判断的，可现场分解

D. 以上答案均正确

5. 对现场绘图的要求是(　)。

A. 应全面、形象地表现交通事故现场的客观情况

B. 尺寸准确，标注清楚

C. 必要时配文字说明

D. 以上答案均正确

6. (　)导致的出险现场变动属于正常变动。

A. 为将伤者送医院抢救而移动车辆

B. 由于风吹、雨淋等自然因素导致出险现场的痕迹消失或被破坏

C. 执行任务的消防、救护等汽车，在发生事故后因任务的需要驶离现场

D. 以上答案均正确

7. 查勘时，对驾驶证的查验应注意(　)。

A. 验明驾驶证的真伪　　B. 确定是否为合格的驾驶人

C. 确定是否为保单约定的驾驶人　　D. 以上答案均正确

8. 为了准确界定事故车辆是否属于标的车辆，在现场查勘时可以(　)。

A. 查验汽车牌照　　B. 查验车架号

C. 查验汽车车型和颜色　　D. 以上答案均正确

二、简答题

1. 什么是现场查勘？简述现场查勘的流程。

2. 简述现场查勘的内容。

任务2　事故损失确定

任务分析

小周在工作后为自己买了一辆代步车用于上下班。作为新手，他在汽车保险销售人员的建议下购买了车损险、第三者责任险、附加车身划痕损失险等。一次外出游玩过程中，小周操作不当，和一辆桑塔纳轿车相撞，双方都有不同程度的受伤。

出现保险责任事故后，车主会向保险公司报案。作为汽车保险现场查勘人员，要想为客户解决问题，需要完成下列任务：

(1)熟悉简单交通事故的责任认定方法。

(2)根据实际情况开展现场查勘。

任务目标

(1)专业能力目标。①掌握事故车辆定损基本原则；②掌握事故现场其他损失的确定。

(2)方法能力目标。掌握事故车辆定损的基本流程。

(3)社会能力目标。能运用所学知识，掌握确定事故现场损失的一般方法。

任务知识链接

开展现场查勘，综合考虑相关因素后，便可以进行事故损失的确定。事故损失的确定，不仅涉及技术鉴定，还涉及成本计算和责任认定，以确保损失确定的准确性和公正性。

子任务1 车辆损失确定

在现实生活中，车辆发生的事故有轻微的、一般的、严重的之分，也有单方的、双方的、多方的之别，除了涉及财产，还有可能涉及人身伤亡。定损主要分为两个部分：一是财产损失费用的定损；二是人身伤亡费用的定损。事故车辆定损中，换件定损是重中之重。

车辆的损失是由其修复费用具体反映的。修复费用通常由两部分构成：修理工时费和零配件费。修理工时费由修复过程中需要消耗的时间和工时定额确定。修理工时费还包括修理过程中的项目费用，如烤漆费用。零配件费是指必须更换的配件的购买费用。在对车辆进行维修，特别是要更换零配件时，既要考虑保险公司的经济效益，也要考虑事故车辆在修复后是否能恢复原有性能。

一、车辆定损的基本原则

车辆修理范围仅限于本次事故中造成的车辆损失(包括车身损失、车辆的机械损失)。能修理的零部件，尽量修复，不要随意更换；能局部修复的，不扩大到整体修理(如喷漆等)；能换零部件的，不换总成。

根据修复的难易程度，参照当地的工时费水平，确定工时费用和汽车零部件价格。

在核定车辆损失之前，对于损失情况严重和复杂的，在可能的条件下应对受损车辆进行必要的解体，以保证查勘定损工作能够全面反映损失情况，减少可能存在的隐蔽性损伤部位，尽量减少二次检验定损的工作量。

确定车辆损失时，应与被保险人协商确定送修单位，并协同被保险人和修理厂对车辆受损部位进行修复时间和所需费用的确定工作。对于涉及第三者责任的，必要时应请第三者或其保险人参与损失确定。

二、事故车定损的基本流程

(1)确定换件项目。了解事故情况，对车辆的损坏程度进行认定，根据事故车辆换件标准确定换件项目。

(2)确定钣金项目。

(3)确定机修项目。

(4)确定喷漆项目。受损部位修复后和更换的外观件都必须喷漆。

(5)确定维修总费用。

(6)残值处理。

案例链接

某日，小周驾车在上班的路上，为了躲避对面来车，撞到了路旁的树(图 3-29)。他立刻拨打了保险公司的电话。现场查勘员来到现场，完成现场查勘后告知小周，该车损失较大，不能现场定损，需要到维修厂拆检后再做定损。

图 3-29　小周的车撞到路旁的树

该车被送到修理厂后，经过拆检，确定车头右侧受损，前保险杠、冷凝器、散热器、右前大灯、前杠中间加强件、前杠骨架、水箱框架等都有不同程度的损伤。经确认，换件项目有前杠、冷凝器、散热器、右前大灯、前杠中间加强件，钣金项目有发动机舱盖修复，机修项目有水箱框架修复，喷漆项目有前杠喷漆、前杠骨架整形喷漆。

总的定损情况如表 3-1 所示。残值 200 元，经协商后归被保险人，在保险赔款中予以扣除。

表 3-1 定损情况表

损伤部位及维修情况	价款(元)	损伤部位及维修情况	价款(元)
更换前杠	890	更换前杠中间加强件	90
更换冷凝器	450	前杠喷漆	400
更换散热器	350	前杠骨架整形喷漆、水箱框架修复	400
更换右前大灯	980	发动机舱盖修复	400
		合 计	3960

通常情况下，对于残值的处理采用协商作价归还被保险人的做法，并在保险赔款中予以扣除。如协商不成，也可以将已经赔偿的受损物资收回。对于这些受损物资，可以委托有关部门进行拍卖处理，所得款项应当冲减赔款；一时无法处理的，应交保险公司的损余物资管理部门回收。

子任务 2 其他损失确定

一、确定人身伤亡费用

1. 人身伤亡案件的特点

(1)案件涉及面广。交通事故的损害赔偿通常涉及保险人、被保险人、受害方、致害方、医疗机构、伤残评定机构、公安交通管理部门、司法机关等，涉及的范围广，纠纷也比较多。

(2)处理案件需要多方面的知识和能力。人身损害赔偿案件主要围绕人员伤亡展开赔偿处理，其中除要求理赔人员具有比较专业的医疗知识外，还需要理赔人员懂得与人身损害赔偿相关的专业知识，同时需要具备洞察力和沟通能力，能够妥善处理理赔纠纷。

(3)处理人身伤亡事件涉及不同的法律关系。一是被保险人(即肇事方)与第三者(即受害人)之间的民事损害侵权关系，受民事相关法律法规的约束；二是被保险人与保险人之间的合同关系，受合同法、保险法的约束。法律关系不同，导致被保险人需要支付给受害人的赔偿与其可以从保险合同中获得的赔偿之间存在一定的出入，从而产生纠纷。

(4)案件处理周期普遍较长。由于人身损害案件中涉及受害人的治疗和身体恢复过程，以及与受害方的损害赔偿协商过程，因此，人身伤亡案件的处理周期相对较长，一般需要3～6个月，有的长达几年，甚至更长。

(5)同一损害事实会因相关赔偿因素不同而导致赔偿金额迥异。如个体的体质存在差异性，导致医疗方案和医疗费用不同；不同的户籍身份导致残疾者生活补助费、死亡补偿费、被扶养人生活费产生差异；不同的职业和收入造成误工费、护理费产生差异；不同的出险地赔付标准不一样等。这些因素决定人身伤亡案件的损失不可能通过一两次的现场查勘和跟踪就确定下来。人身伤亡案件损失的发生是一个动态的过程，从事故发生到调解结案一直在不断变化。

2. 人身伤亡赔偿的范围

确定人身伤亡费用时，应根据道路交通事故处理的有关规定，向被保险人说明费用承担的标准。

一般可负责的合理费用包括医疗费(限公费医疗的药品范畴)、误工费、护理费(住院护理人员不超过两人)、就医交通费、住院伙食补助费、残疾生活补助费、残疾用具费、丧葬费、死亡补偿费、被扶养人生活费，以及伤亡者直系亲属或合法代理人参加事故调解处理的误工费、交通费、住宿费。对于伤者需要转院赴外地治疗的，须由所在医院出具证明并经事故处理部门同意，保险人方可负责；伤残鉴定费需要经保险人同意方可负责赔付。

3. 开展车险人身伤亡理赔的方法和途径

(1)事先告知，主动预防。

(2)提前介入，过程跟踪。

(3)积极联络外部单位。

(4)联系实际，合理赔付。

二、确定其他财产损失

其他财产一般包括本车上财产和第三者财产。

第三者财产损失是基于被保险人的侵权行为产生的，应根据民法的有关规定按照被损害财产的实际损失予以赔偿。

财产损失的确定可以采用与被害人协商的方式，协商不成的，可以采用仲裁或者诉讼的方式。第三者财产包括行人、第三者车上的人、机动车辆、非机动车、车上货物、道路及设施、路旁的花草树木、房屋建筑、路旁的农田庄稼、电力和水利设施等。

三、确定施救费用

施救费用是在发生保险事故之后，被保险人为了减少损失而支出的额外费用。它是一种替代费用，是用相对较少的费用支出避免更大的损失。确定施救费用一般应遵循以下原则：

(1)车辆发生火灾，应当赔偿被保险人使用他人(非专业消防单位)的消防设备的合理费用及设备损失。

(2)车辆出险后失去行驶能力的，雇用吊车及其他车辆进行抢救的费用，以及将出险车辆拖运到修理厂的运输费用，按当地物价部门公布的收费标准予以赔偿。

(3)实施抢救的过程中，因抢救而损坏他人的财产，如果应由被保险人承担赔偿的，可酌情予以赔偿。但抢救人员个人物品的丢失，不予赔偿。

(4)抢救过程或拖运途中发生意外事故，造成损失扩大部分和费用支出增加部分，如果该抢救车辆是被保险人自己或他人义务派来抢救的，原则上保险人应予赔偿；如果该抢救车辆是受雇的，则不予赔偿。

(5)出险后，被保险人奔赴肇事现场所支出的费用，不予赔偿。

(6)保险人只赔偿保险车辆的施救保护费用。

(7)如果保险车辆为进口车或特种车，发生保险事故后，当地确实不能修理的，经保险人同意后去外地修理的移送费，可予适当负责。但护送保险车辆者的工资和差旅费，不予负责。

(8)施救、保护费用与修理费用应分别理算。如果施救、保护费用与修理费用相加，估计已达到或超过保险金额，可推定全损予以赔偿。

(9)保险车辆发生保险事故后，对其停车费、保管费、扣车费及各种罚款，保险人不予负责。

任务实施

1. 分组

将班级进行分组，一个小组的人数以 6～8 人为宜，小组的划分要充分考虑学习实力的均衡、性别、性格等问题，形成一个团结协作的有力团队。小组内 1 人扮演车主，1 人扮演汽车保险现场查勘人员，1 人扮演保险公司定损人员，具体分配由组长和组员共同决定。

2. 小组讨论交流

分小组进行讨论交流，根据汽车保险现场查勘的具体情况，填写现场定损报告。

3. 小组模拟训练

各小组按 3 人一个组合开展模拟训练，根据实际情况模拟定损工作。小组成员共同讨论各组合模拟表现情况，不断改进，推荐表现最优秀的组合进行汇报。

4. 小组汇报评比

各小组进行现场定损情况汇报。各小组先进行自评，找出自己的优势和不足；再在小组间进行互评，找出不足；最有由教师进行点评，给出本次任务的成绩。考核标准见表 3-2。

表 3-2　考核标准

序号	考核内容	考核要点	分值	小组自评（30%）	小组互评（40%）	教师点评（30%）	得分
1	定损	责任以及损失情况的认定是否清晰	10				
		是否能帮助客户解决实际问题	30				
		是否能准确认定损失	20				
2	汇报表现	语言表达是否清晰	10				
		表述是否准确	20				
		仪容仪表是否得体	10				
合计							

5. 个人小结

任务知识巩固

习题答案 3.2

一、单选题

1. 在对车身定损时，主要考虑到的修复方法是(   )。

A. 钣喷　　B. 换件　　C. 机修

2. 在车辆定损时悬架系统元器件的损伤一般采用的修复方法是(   )。

A. 修复　　B. 修理　　C. 换件

3. 定损过程中，在计算施救费时，因抢救而不慎或不得已对他人财产的损坏，(   )。在抢救时对抢救人员个人物品的丢失，(   )。

A. 酌情予以计算赔偿，不予赔偿　　B. 不予赔偿，可酌情予以计算赔偿

C. 不予计算赔偿，不予赔偿　　D. 酌情予以计算赔偿，酌情予以计算赔偿

4. 货车发生事故，车损险定损过程中的施救费包括(   )。

A. 施救货物和车的费用　　B. 施救车的合理费用

C. 施救货物费用

5. (   )不属于定损。

A. 确定车辆损失　　B. 确定人员伤亡损失

C. 确定施救费用　　D. 确定保险责任

6. 车辆定损应注意区别本次事故造成的损失和非本次事故造成的损失，一般可根据事故部位的痕迹进行判断。以下说法正确的是(   )。

A. 本次事故的碰撞部位，一般有脱落的漆皮痕迹

B. 本次事故的碰撞部位，一般有新的金属刮痕

C. 本次事故的碰撞部位，一般有油污

D. 本次事故的碰撞部位，一般有锈迹

7. 车辆定损应注意区别事故损失与机械损失。(   )属于事故损失。

A. 制动失灵

B. 机械故障

C. 零部件因锈蚀、朽旧、老化、变形、裂纹等造成的车身损失

D. 驾驶人正常行驶时操作不当造成的碰撞

8. 车辆定损时应注意的问题有(   )。

A. 区分本次事故造成的损失和非本次事故造成的损失

B. 区分事故损失与机械损失的界限

C. 受损车辆解体后，如发现尚有因本次事故损失的部位没有定损的，经定损员核实后，可追加修理项目和费用

D. 以上答案都正确

9. 下列关于车辆定损描述正确的是(　)。

A. 修理范围仅限于本次事故中所造成的车辆损失

B. 尽量修复能修理的零部件，不要随意更换新的零部件

C. 准确确定工时费用

D. 以上答案都正确

10. 定损员在掌握常损零件换修原则时，不正确的做法是(　)。

A. 质量、寿命有保证

B. 修理零部件的费用与新件价格的关系合理

C. 确保行车安全

D. 为照顾保户，应灵活掌握

11. 不属于维修费用的是(　)。

A. 工时费　　B. 材料费

C. 外加工费　　D. 从事故现场到修理厂的拖车费

二、判断题

1. 定损项目包括车辆定损、人员伤亡费用的确定、施救费用的确定、其他财产的损失确定和残值处理等内容。(　)

2. 车辆定损以后，在解体车辆时，如果发现尚有事故损失部位未定损的，经核实后可追加修理费。(　)

3. 施救费用与修理费用相加，已达到或超过保险车辆的实际价值时，可推定全损予以赔偿。(　)。

三、简答题

1. 简述事故车辆定损的流程。

2. 简述机动车辆定损的原则。

3. 确定施救费用一般应遵循哪些原则?

任务3　汽车保险理赔

任务分析

小周在工作后为自己买了一辆代步车用于上下班。作为新手，他在汽车保险销售人员的建议下购买了车损险、第三者责任险、附加车身划痕损失险等。一次外出游玩的过程中，小周操作不当，和一辆桑塔纳轿车相撞，双方都有不同程度的受伤。

出现保险责任事故后，车主肯定想要及时获得赔偿。作为汽车保险理赔工作人员，要想为客户解决问题，需要完成下列任务：

(1)为客户提供优质服务，让客户熟悉汽车保险理赔的一般流程。

(2)为客户简要介绍赔款理算。

任务目标

(1)专业能力目标。①掌握汽车保险理赔的流程；②掌握商业车险赔款的一般理算。

(2)方法能力目标。掌握一般保险案例的典型情况。

(3)社会能力目标。能运用所学知识进行简单的赔款计算。

任务知识链接

汽车保险理赔是指保险车辆在发生保险责任范围内的损失后，保险人依据保险合同的约定解决保险赔偿问题的过程。

汽车保险理赔的质量，取决于保险人赔案处理的效率和是否真正履行了保险合同的约定，这关系到保险合同双方当事人的利益。对被保险人而言，理赔质量关系到其得到补偿的程度；对保险人而言，理赔质量关系到其赔付额度与信誉。

子任务1 汽车保险理赔流程

汽车保险理赔的处理程序主要包括受理案件、现场查勘与定损、赔付结案三个过程。具体分为九个步骤，分别是车辆出险、出险报案、现场处理、提出索赔请求、配合保险公司查勘事故、事故结案、提交索赔材料、索赔审核和领取赔款，如图3-30所示。

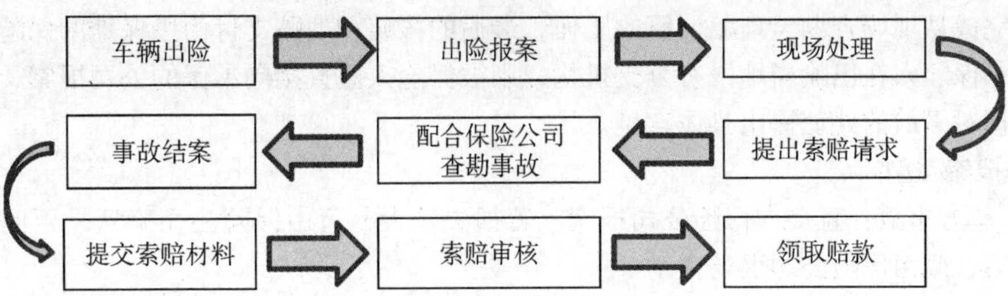

图3-30 汽车保险理赔流程

一、车辆出险

车辆出险是指被保险车辆在行驶、停放过程中发生了事故。

二、出险报案

出险报案是指被保险人在发生事故之后以各种方式通知保险人，要求保险人进行事故处理。

1. 报案时效

《保险法》第二十一条规定："投保人、被保险人或者受益人知道保险事故发生后，应当及时通知保险人。"及时报案也是被保险人履行合同义务的一个重要内容。现行保险条款中一般都规定：被保险人应在保险事故发生后 48 小时内通知保险人。盗抢案件在被保险人知道保险事故发生的 24 小时内必须向公安机关报案，并在 48 小时内通知保险人。

2. 报案方式

被保险人可以通过电话、微信、上门等方式向保险人的理赔部门进行报案。各保险公司都开通了专线电话，并指定专人受理报案事宜。国内部分保险公司的客服电话和咨询投诉电话如表 3-3 所示。

表 3-3 国内部分保险公司的客服电话和咨询投诉电话

公司名称	客服电话	咨询投诉电话
中国人民财产保险股份有限公司	95518	95518
中国平安保险股份有限公司	95511	95511
中国太平洋保险股份有限公司	95500	95500
中国大地财产保险股份有限公司	95590	95590

对于在外地出险的，如果保险人在出险当地有分支机构，则被保险人可以直接向保险人的当地分支机构进行报案。目前一些全国性的保险公司的内部均建立了相互代理的制度，即"代查勘、代定损"的"双代"制度，能够迅速向被保险人提供案件受理服务。代理机构可以完成从现场查勘至理赔计算的工作，最后的核赔和理赔支付由投保地的保险公司负责。如果保险人在出险当地没有分支机构，则被保险人应直接向承保的公司报案，并要求承保公司对事故的处理提出具体意见。

3. 报案类型

(1)单方事故：直接向保险公司报案。若损失较大，可由保险公司确认是否向当地公安局报案，或由保险公司现场查勘。

(2)多方事故：及时向交警报案，并在 48 小时内向保险公司报案(越早越好)，尽量减少损失。

(3)伤亡事故：立即向警方报案并抢救伤者。同时在 48 小时内向保险公司报案(越早越好)，尽量减少损失。

(4)机动车全车盗抢：立即向当地公安刑侦部门(110)报案(24 小时内)，保留现场并立即向保险公司报案(出险 48 小时以内)。

三、现场处理

出险后，要马上做好现场处理，注意安全，摆放好警示标志(图 3-31)，以免发生二次事故，同时等候救援及保险公司处理。

图3-31　摆放警示标志

四、提出索赔请求

当保险公司的现场查勘员到达事故现场后，车主可以按照要求提出索赔请求，然后等待查勘。

五、配合保险公司查勘事故

报案后，车主在事故现场配合保险公司进行初步查勘，从而判定此事故是否属于保险责任范围。

六、事故结案

根据损失部位痕迹及损失程度，查勘员进行初步定损。损失严重，需要拆解才能定损的，直接到修理厂、4S店、定损中心定损，从而完成结案。

七、提交索赔材料

事故车辆定损、维修完成后，需向保险公司提交齐全的索赔材料。

1. 单方事故所需单证

(1)出险通知书并加盖公章(私车需签名)。

(2)报交警处理的，需要交通事故仲裁机关出具的调解书、责任认定书或有关政府职能部门的证明。

(3)保险公司的定损单。

(4)车辆的修理发票及维修清单、施救费发票。

(5)肇事车辆的行驶证正、副本及驾驶人驾驶证正、副本复印件(私车还要提供被保险人的身份证复印件)。

(6)赔款通知书上加盖公章及公司账号(私车由被保险人签字)。

(7)若赔款支付单位或个人与被保险人不符，则还需提供被保险人的委托书。

2. 多方事故所需单证

(1)出险通知书并加盖公章(私车需签名)。

(2)交通事故仲裁机关出具的调解书、责任认定书或有关政府职能部门的证明。

(3)保险公司的定损单。

(4)车辆的修理发票及维修清单、施救费发票。

(5)第三者车损修理发票及维修清单、施救费发票、物损发票。

(6)若有一次性赔偿，需提供一次性赔偿凭证。

(7)肇事车辆的行驶证正、副本及驾驶人驾驶证正、副本复印件(私车还要提供被保险人的身份证复印件)。

(8)赔款通知书上加盖公章及公司账号(私车由被保险人签字)。

(9)若赔款支付单位或个人与被保险人不符，则还需提供被保险人的委托书。

3. 伤亡事故所需单证

(1)出险通知书并加盖公章(私车需签名)。

(2)交通事故仲裁机关出具的调解书、责任认定书或有关政府职能部门的证明。

(3)对于伤残事故，需要伤者诊断证明、伤残鉴定报告、出院小结、医疗病历、一次性赔偿凭证。

(4)对于死亡事故，需要死亡证明、一次性赔偿凭证、被扶养人的户籍证明(仅限直系亲属，残疾或死亡事故所需)。

(5)医疗费、家属的交通费、住宿费发票。

(6)肇事车辆的行驶证正、副本及驾驶人驾驶证正、副本复印件(私车还要提供被保险人的身份证复印件)。

(7)赔款通知书上加盖公章及公司账号(私车由被保险人签字)。

(8)若领取赔款单位或个人与被保险人不符，则还需提供被保险人的委托书。

八、索赔审核

在提交的索赔材料真实、齐全的情况下，保险公司进行保险赔款的准确计算和赔案的内容审核工作。

九、领取赔款

索赔申请通过后，保险公司根据与客户商定的赔款支付方式和保险合同的约定进行赔偿，被保险人领取赔款。

子任务2　理赔工作人员应具备的条件

汽车保险理赔工作涉及面广，情况比较复杂。在赔偿处理的过程中，特别是在对汽车事故进行查勘的过程中，必须遵循一定的原则。

一、汽车理赔工作应遵循的基本原则

1. 树立为保户服务的思想，坚持实事求是原则

理赔工作体现了保险的经济补偿职能。当发生汽车保险事故后，保险人要急被保险人之所急，千方百计地避免损失扩大，尽量减轻因事故造成的影响，及时安排事故车辆修复，并保证基本恢复车辆的原有技术性能，使其尽快投入生产运营，及时处理赔案，支付赔款，以保证运输生产单位生产、经营的持续进行和人民生活的安定。

在现场查勘、事故车辆修复定损以及赔案处理方面，要坚持实事求是的原则，在尊重客观事实的基础上，具体问题具体分析，既严格按条款办事，又结合实际情况进行适当灵活的处理，使各方面都满意。

2. 重合同，守信用，依法办事

衡量保险人是否履行合同的标准为其是否严格履行了经济补偿义务。因此，保险方在处理赔案时，必须加强法治观念，严格按条款办事，该赔的一定要赔，而且要按照赔偿标准及规定赔足；不属于保险责任范围的损失，不滥赔，同时还要向被保险人讲明道理，拒赔部分要讲事实、重证据。要依法办事，坚持重合同、守信用，只有这样才能树立保险的信誉，扩大保险的积极影响。

3. 坚决贯彻“八字”理赔原则

主动、迅速、准确、合理是保险理赔人员在长期的工作实践中总结出的经验，是保险理赔工作的最基本要求。

(1)主动。保险理赔人员对出险的案件，要积极、主动地进行调查、了解和查勘现场，掌握出险情况，进行事故分析，确定保险责任。展业满面春风，理赔冷若冰霜，“两面人”要不得。

(2)迅速。迅速是提高效率的关键，要求保险理赔人员查勘、定损处理迅速，不拖沓，抓紧处理赔案，对赔案要核得准，赔款计算案卷缮制快，复核、审批快，使被保险人及时得到赔款。

(3)准确。准确是指准确认定责任，准确核定赔付，保证双方权益，不错赔、不滥赔、不惜赔。

(4)合理。在理赔工作过程中，理赔人员要本着实事求是的精神，坚持按条款办事。在许多情况下，要结合具体案情，尤其是在对事故车辆进行定损的过程中，要合理确定事故车辆的维修方案。

理赔工作的“八字”原则是辩证的统一体，不可偏废。如果片面追求速度，不深入调查了解，不对具体情况做具体分析，盲目下结论，或者计算不准确，草率处理，可能会发生

错案，甚至引起法律诉讼纠纷。当然，如果只追求准确、合理，忽视速度，不讲工作效率，赔案久拖不决，可能造成不良的社会影响，损害保险公司的形象。总的要求是从实际出发，为保户着想，既要讲速度，又要讲质量。

二、对理赔工作人员的特殊要求

汽车保险业务经营的好坏，不仅事关保险公司自身的经济效益和发展，而且影响到保险职能作用的发挥及社会效益的实现。如何借鉴国际上成熟保险市场汽车保险理赔服务的先进经验来改进我国传统的汽车保险理赔服务模式，提高工作效率，降低服务成本，已成为摆在我国汽车保险从业人员面前亟待解决的问题。

从事车险理赔工作的人员，必须具备较高的政策水平和较丰富的业务知识。具体要求包括：

(1)熟悉保险条款和有关业务规定。

(2)懂得有关专业知识。理赔工作人员除了要具备保险方面的专业知识外，还必须懂得有关法律法规方面的知识，财务会计知识和标的估算方面的知识，建筑、设备、商品等方面的知识。

(3)有深入实际、联系群众和实事求是的工作态度。

(4)树立廉洁奉公、以身作则的工作作风。

子任务3　商业车险赔款计算

赔款计算是理赔人员根据被保险人提供的经审核无误的有关费用单证，对机动车辆损失险、商业三者险等分别计算赔偿金额的活动。

一、机动车辆损失险的赔款计算

1. 车辆全部损失的赔款计算

车辆全部损失是指保险标的因碰撞、倾覆或火灾事故等造成车辆无法修复，即整车损毁，或保险标的受损严重，车辆修复费用极高，基本上接近于保险车辆的保险金额，已失去修复价值，或按国家有关汽车报废条件，已达到报废程度，由保险公司的查勘定损人员推定全损。车辆残值应根据车辆损坏程度、残余部分的有用价值与被保险人协商作价折归被保险人，并在赔款计算中扣除。其计算公式为：

赔款＝保险金额－被保险人已从第三方获得的赔偿金额－绝对免赔额

【例】 甲、乙两车发生严重碰撞事故，甲车被推定全损，该车在某保险公司投保，机动车损失险保险金额为 80000 元，双方未约定绝对免赔额，残值作价 3000 元。交通事故处理机关认定，甲方负主要责任，应承担 70％的事故损失。试计算保险公司应支付甲车机动车辆损失险的赔款。

两车均有责任，所以两车交强险财产赔偿均按照有责任赔偿限额来进行。甲车被推定全损，保险金额为 80000 元，乙车交强险赔偿甲车财产损失 2000 元。

赔款＝保险金额－被保险人已从第三方获得的赔偿金额－绝对免赔额

＝80000－3000－2000

＝75000(元)

说明：车辆损失险赔款的计算中去掉了责任比例，这是因为保险公司会主动履行代位追偿义务。

2. 车辆部分损失的赔款计算

车辆部分损失是指保险车辆出险受损后，尚未达到整体损毁或推定全损的程度，仅发生局部损失，通过修复，车辆还可以继续使用。被保险机动车发生部分损失，保险人按实际修复费用在保险金额内计算赔偿。其计算公式为：

赔款＝实际修复费用－被保险人已从第三方获得的赔偿金额－绝对免赔额

【例】 投保机动车损失险的车辆甲，在保险期限内与另一机动车乙发生了碰撞事故，保险金额为 100000 元，双方未约定绝对免赔额。交通事故处理机关认定，甲方负主要责任，应承担 70％的事故损失。甲车的修理费用为 20000 元，施救费用为 2000 元，残值为 200 元，乙车交强险赔偿甲车损失 2000 元。试计算甲车机动车辆损失险赔款金额。

甲车的修理费用为 20000 元，施救费用为 2000 元，共计 22000 元，低于保险金额 100000 元，所以按部分损失计算。

赔款＝实际修复费用－被保险人已从第三方获得的赔偿金额－绝对免赔额

＝22000－2000－200

＝19800(元)

3. 施救费用的计算

施救费用的赔偿是保险赔偿责任的一个组成部分，是在核定施救费用的基础上进行计算的。

通常保险人只承担为施救、保护保险车辆及其财物而支付的正常、必要、合理的费用。保险人在保险金额范围内按核定的施救费赔偿。对于保险车辆装载的货物、拖带的未保险车辆或其他拖带物的施救费用，则不予负责。施救的财产中含有本保险合同未保险的财产，如果两者费用无法划分，则按保险合同保险财产的实际价值占总施救财产的实际价值的比例分摊施救费用。

二、商业三者险的赔款计算

保险车辆发生第三者责任事故时，应按《道路交通安全实施条例》及有关法规、条例规定的赔偿范围、项目和标准以及保险合同的规定进行处理，在保险单载明的赔偿限额内核定、计算赔偿金额。对于被保险人自行承诺或支付的赔偿金额，保险人有权重新核定或拒绝赔偿。商业三者险作为交强险的补充和延伸，对第三者所受的损失在保险责任的范围内进行赔偿。因此，商业三者险应承担的三者损失应剔除交强险对第三者损失的赔偿部分，并且考虑保险机动车的事故责任比例。

(1)(依合同约定核定的第三者损失金额－机动车交通事故责任强制保险的分项赔偿限

额)×事故责任比例≥每次事故责任限额，此时：

赔款=每次事故责任限额

(2)(依合同约定核定的第三者损失金额-机动车交通事故责任强制保险的分项赔偿限额)×事故责任比例<每次事故责任限额，此时：

赔款=(依合同约定核定的第三者损失金额-机动车交通事故责任强制保险的分项赔偿限额)×事故责任比例

【例】 一投保商业三者险(责任限额为200000元)和交强险的车辆甲与另一车辆乙发生交通事故，甲车在事故中负主要责任，应承担70%的事故损失，乙车负次要责任。此次事故中乙车损失共计642000元，其中财产损失为50000元，医疗费用为12000元，死亡伤残费用为580000元。试计算甲车商业三者险的赔偿金额。

交强险死亡伤残费用赔款为：180000元(580000元损失>180000元限额)，交强险未赔款=580000-180000=400000(元)

交强险医疗费用赔款为：12000元(12000元损失<18000元限额)，交强险未赔款=0(元)

交强险财产损失赔款为：2000元(50000元损失>2000元限额)，交强险未赔款=50000-2000=48000(元)

除了交强险赔付部分，剩余商业三者险应承担赔偿金额=(400000+48000)×70%=313600(元)>200000元

所以，商业三者险赔款=200000(元)

子任务4 汽车保险的核赔

一、核赔工作的流程

核赔是在授权范围内独立审核理赔质量的人员，按照保险条款及保险公司内部有关规章制度对赔案进行审核的工作。

核赔的主要内容包括审核单证、核定保险责任、核定车辆损失及赔款、核定人员伤亡及赔款、核定其他财产损失及赔款、核定施救费用、审核赔款计算等。核赔是对整个赔案处理过程进行控制。核赔对理赔质量的控制体现在：一是及时了解保险标的的出险原因、损失情况，对重大案件，应参与现场查勘；二是审核、确定保险责任；三是核定损失；四是审核赔款计算。

二、核赔的主要内容

1. 审核单证

审核被保险人按规定提供的单证、经办人员填写赔案的有关单证是否齐全、准确、规范和全面。

2. 核定保险责任

核定保险责任的内容包括被保险人与索赔人是否相符；驾驶员是否为保险合同约定的驾驶员；出险车辆的厂牌型号、牌照号码、发动机号、车架号与保险单证是否相符；出险原因是否属于保险责任；出险时间是否在保险期限内；事故责任划分是否准确、合理；赔偿责任是否与承保险别相符等。

3. 核定车辆损失及赔款

核定车辆损失及赔款的内容包括车辆定损项目、损失程度是否准确、合理；更换零部件是否按规定进行了询报价，定损项目与报价项目是否一致；换件部分拟赔款金额是否与报价金额相符；残值确定是否合理等。

4. 核定人员伤亡及赔款

根据查勘记录、调查证明和被保险人提供的《事故责任认定书》《事故调解书》和伤残证明，依照国家有关道路交通事故处理的法律法规和其他有关规定进行审核；核定伤亡人员数、伤亡程度是否与调查情况和证明相符；核定人员伤亡费用是否合理；被扶养人口、年龄是否真实，生活费计算是否合理、准确等。

5. 核定其他财产损失及赔款

根据照片和被保险人提供的有关货物、财产的原始发票等有关单证，核定财产损失、损余物资处理等有关项目和赔款。

6. 核定施救费用

根据案情和施救费用的有关规定，核定施救费用有效单证和金额。

7. 审核赔款计算

审核残值是否扣除、免赔率使用是否正确、赔款计算是否准确等。如果是上级公司对下一级公司进行核赔，应侧重审核普通赔案的责任认定和赔款计算的准确性；有争议赔案的旁证材料是否齐全、有效；诉讼赔案的证明材料是否有效；保险公司的理由是否成立、充分；拒赔案件是否有充分证据和理由等。

结案时“机动车辆保险赔款计算书”上赔付的金额必须是最终审批金额。在完善各种核赔和审批手续后，方可签发“机动车辆保险领取赔款通知书”并通知被保险人。

子任务 5　汽车保险欺诈典型案例

一、汽车保险欺诈的定义

汽车保险欺诈是指投保人、被保险人不遵守诚信原则，故意隐瞒有关保险车辆的真实情况，或歪曲、掩盖真实情况，夸大损失程度，或故意制造、捏造保险事故造成保险标的的损害，以牟取保险赔偿金的行为。

二、汽车保险欺诈的成因分析

汽车保险欺诈往往具有很大的隐蔽性，其形成原因相当复杂，有社会的、个人道德方面的，也有保险条款、公司运作与监管方面的。

1. 社会原因

目前有些人对保险的了解还不是太多，法治观念淡薄，根本不认为保险欺诈是一种犯罪行为，甚至认为是一种正常取回所交保费的手段，即使被保险公司识破，也是一种可以原谅的过错，对其社会声誉基本没有什么损害。因此，当同事、朋友和亲属请求他们帮忙欺骗保险公司时，他们往往自愿提供帮助，为欺诈行为提供伪证，从而导致欺诈现象。

2. 投保人原因

(1)有些投保人企图通过参加汽车保险，以支付保费的较小代价获取高额赔偿，达到发财的目的。这类投保人的投保动机和欺诈动机一致，即从投保时起便蓄意欺诈，保险合同成立后就积极谋划欺诈行为。

(2)有些投保人原来并没有利用汽车保险进行欺诈的念头，只是由于某种偶然因素的诱发，如他人提醒，才产生了欺诈念头。若无偶然因素的干扰，这类投保人就不会产生保险欺诈行为。

(3)有些投保人对汽车保险缺乏正确的认识，认为交付保费后，如果没有发生保险事故，就等于白白丢钱，必须想方设法从保险公司把保费要回来，于是，欺诈就成了他们的选择。

3. 保险公司原因

(1)对于有效防止保险欺诈行为，目前还很少有公司专门成立反欺诈组织。

(2)承保程序不科学。承保时，几乎没有公司实施“验车承保”，使得一些存在明显缺陷的汽车顺利实现了高额投保。

(3)理赔程序不科学。如发生事故后，保险公司不派人员去现场查勘，而是等车辆修好后，凭发票记载的金额予以赔付。再如确定赔付金额时，保险公司往往以有关单位的证明作为唯一依据，而有些证明可能与事实不符。所以，不科学的理赔程序客观上为保险欺诈开了方便之门。

(4)保险公司对某些被识破的欺诈行为的处理过于宽松，往往仅满足于追回被骗取的保险金或不承担赔偿责任，而不愿追究他们的法律责任，从而助长了保险欺诈行为的进一步发生。

(5)理赔人员素质偏低，把握不住理赔关，给欺诈者以可乘之机。有些理赔人员甚至经不住金钱的诱惑，与欺诈者内外勾结，共同骗取保险金。

三、典型保险欺诈案例

1. 内外勾结、共同骗保

【案情】 某年7月，某公安分局接到保险公司的举报，称保户刘某在该公司投保的一辆白色捷达轿车于某晚在住宅楼下丢失，该车即将到保期。保险公司觉得此案有些蹊跷，请求公安机关予以调查。公安机关接手后，先从外围了解情况，找到与刘某比较熟悉的出租车司机了解刘某最近的情况。其中有一个人提供了这样的线索：案发前一天，看见刘某和一个外地口音的男子鬼鬼祟祟在一起，不知在干什么。公安人员掌握这个情况后，正面接触刘某，首先询问一些与案情无关的事情，然后突然追问刘某最近总和谁在一起。之后公安人员单刀直入地询问案发前一天和他在一起的那个外地口音的人是哪里的，在一起都干了什么。刘某见事情瞒不住了，就如实交代了自己是怎样和保险公司的杨某密谋的：他先把投保的车辆卖给了外省的一个个体户，然后向保险公司报案称车被盗，要求保险公司赔偿损失。保险公司的杨某假装去现场，做了一份询问笔录，之后向公司提出此案手续齐全，没有疑点，可以赔偿。由于理赔部门的工作人员工作认真、细致，才制止了一起虚假理赔案件的发生。刘某和杨某因共同诈骗受到了法律的制裁。

【分析】 此案中，刘某与杨某勾结，将标的车进行了转移，并向保险公司报案称该车被盗，并提供伪造手续。险外责任险内要求补偿，当事人的欺诈骗赔行为必将受到法律的严惩。

2. 找人“顶包”骗保

【案情】 张某因酒后驾车发生了事故，致使车辆严重损坏。为了能获得保险理赔，他打电话找朋友彭某过来顶包。彭某也喝了酒，他便又叫来朋友谢某顶包。谢某到现场后，谎称自己是驾驶员，保险公司赔付张某保险金21万余元人民币。

【分析】 酒后驾车本不应该，发生事故后用各种方法骗保更不应该，张某、彭某、谢某的违法行为必将受到法律的严惩。

3. “无中生有”——专门开车上路“碰瓷”

【案情】 犯罪嫌疑人李某利用娴熟的驾驶技术，驾驶机动车频繁在道路上故意制造车辆碰撞事故达334次。因属对方全责，李某直接购买车辆维修发票交由对方司机，让对方司机先垫付保险赔偿金。然后，李某将自己的车辆进行手工喷漆、粘贴卡通图片、简单抛光等，继续驾车“寻机”制造事故，如此骗取保险金78万余元。

【分析】 买车辆保险是为了给自己提供一份安全保障，减少事故带来的经济损失。若为了保险金而刻意制造保险事故来换取保险赔偿，最终不仅无法获得赔偿，还会害人害己，甚至遭受牢狱之灾以及经济处罚。

任务实施

1. 分组

将班级进行分组，一个小组的人数以6～8人为宜，小组的划分要充分考虑学习实力的均衡、性别、性格等问题，形成一个团结协作的有力团队。小组内2人形成一个组合，1人扮演车主，另1人扮演汽车保险理赔工作人员。

2. 小组讨论交流

分小组进行讨论交流，根据汽车保险现场查勘的具体情况以及损失核查情况核算赔偿金额，介绍汽车保险理赔的一般流程。

3. 小组模拟训练

各小组按 2 人一个组合开展模拟训练，1 人扮演车主，另 1 人扮演汽车保险理赔工作人员，然后再角色互换，根据实际情况模拟保险理赔工作。小组成员共同讨论各组合模拟表现情况，不断改进，推荐表现最优秀的组合进行汇报。

4. 小组汇报评比

各小组进行现场查勘情况汇报。各小组先进行自评，找出自己的优势和不足；再在小组间进行互评，找出不足；最后由教师进行点评，给出本次任务的成绩。考核标准见表 3-4。

表 3-4　考核标准

序号	考核内容	考核要点	分值	小组自评（30%）	小组互评（40%）	教师点评（30%）	得分
1	理赔计算、流程汇报	赔款计算是否准确	10				
		客户是否清楚理赔流程	30				
		是否能解答客户疑问	20				
2	汇报表现	语言表达是否清晰	10				
		表述是否正确	20				
		仪容仪表是否得体	10				
合　计							

5. 个人小结

任务知识巩固

习题答案 3.3

一、单选题

1. 投保了家庭自用汽车损失保险的保险车辆在保险期间遇冰雹，车辆被砸伤，则保险公司(　)。

A. 可以赔付，没有免赔　　B. 可以赔付，免赔 30%

C. 可以赔付，免赔 15%　　D. 不属于保险责任事故，不能赔付

2. (　)造成的损失不属于商业三者险的免除责任。

A. 战争、恐怖活动、扣押、罚没、政府征用

B. 竞赛、测试、在营业性维修场所修理、养护期间

C. 保险车辆超载

D. 保险车辆肇事逃逸

E. 利用保险车辆从事违法活动

3. 根据目前各保险公司执行的机动车辆保险主险条款规定，(　)造成的车辆损失，保险公司一般不承担赔偿义务。

A. 核反应、核污染、核辐射　　B. 轮辋单独损坏

C. 减值损失　　D. 以上答案都正确

4. 在汽车保险理赔时应遵循的原则包括(　)。

A. 重合同、守信用原则　　B. 坚持实事求是原则

C. 主动、迅速、准确、合理的原则　　D. 以上答案都正确

5. 一投保商业三者险的车主在驾驶自己的车辆倒车时，车主将自己承包的工厂厂房撞坏，(　)。

A. 一定属于保险责任　　B. 一定不属于保险责任

C. 不一定属于保险责任　　D. 应具体情况具体分析

6. 客户出现事故后向保险公司报案时，保险公司需要记录的内容包括(　)。

A. 报案人、被保险人、驾驶人的姓名和联系方式

B. 出险的时间、地点、简单原因、事故形态等案件情况

C. 保险车辆的情况及保单号码

D. 以上答案都正确

7. 汽车保险的保险责任是(　)。

A. 负责赔偿由于汽车质量原因造成汽车本身的损失

B. 负责赔偿由于汽车质量原因造成第三者的损失

C. 负责赔偿保险汽车的所有人或者驾驶人因驾驶保险汽车发生交通事故造成车辆损毁的损失和对第三者应负的赔偿责任

D. 负责赔偿所有损失

8. 客户报案后，保险公司应根据保单号码查询保单信息，核对承保情况。其工作内容包括(　)。

A. 查验出险时间是否在保险期限以内

B. 查验出险时间是否接近保险期限起讫时间

C. 查验与上起案件报案时间是否比较接近

D. 以上答案都正确

9. 根据家庭自用汽车损失保险条款的规定，关于保险车辆轮胎损坏，以下不正确的是(　)。

A. 车辆仅轮胎爆胎，则轮胎损失不予赔付

B. 车辆轮胎爆胎后失控发生碰撞事故造成车身损失，只负责车身损失，轮胎损失不予赔付

C. 车辆碰撞路牙造成轮胎和轮辋损失，轮胎和轮辋的损失均不予赔付

D. 车辆碰撞路牙造成轮胎和车身损失，只负责车身损失，轮胎损失不予赔付

10. 未确定事故责任比例时，依据家庭自用汽车损失保险条款的规定，主要责任方(　)。

A. 承担责任比例为60%　　B. 承担责任比例为70%

C. 承担责任比例为80%　　D. 可协商确定，60%、70%、80%均可以

11. 一般来说，保险车辆在(　)出险时，属于免责。

A. 非指定教练路线行驶　　B. 物流公司的仓库

C. 营业性的汽车修理场所　　D. 收费停车场存放期间

12. (　)不属于车辆保险事故中的第三者财产损失。

A. 保险车辆所载货物　　B. 道路、道路安全设施

C. 房屋建筑、电力和水利设施　　D. 道旁的树木花卉、农田庄稼

13. 计算交强险赔款时的免赔率为(　)。

A. 20%　　B. 10%

C. 0　　D. 15%

14. 下列属于车辆损失险理赔范围的是(　)。

A. 车辆行车中爆胎轮胎单独损坏

B. 车辆停在路边被划伤

C. 保险责任事故发生后，为降低车辆损失而进行抢救的必要施救费用

D. 在事故中，车上人员随身携带的物品损失

15. 下列选项中，属于机动车辆第三者责任险理赔范围的是(　)。

A. 保险车辆对被保险人所有或代管的财产造成的损失

B. 保险车辆行驶时发生意外事故致使本车所载乘客伤亡

C. 被保险人在使用保险车辆时不慎将路边的行人撞伤

D. 保险车辆行驶时发生意外事故致使拖带的未保险车辆倾覆

16. 以下不属于交强险的理赔范围的是(　)。

A. 事故造成的自己车上的人员伤亡

B. 事故造成的对方的车辆损失

C. 事故造成的车下的人伤及其财产损失

D. 对受害人进行的必要的施救费

17. 被保险人在车险事故发生后应在(　)小时内向保险人报案。

A. 24　　B. 48

C. 12　　D. 36

二、简答题

1. 简述汽车保险理赔的流程。
2. 对理赔工作人员有哪些特殊要求?
3. 汽车理赔工作应遵循哪些基本原则?
4. 什么是核赔?

5. 核赔的主要内容包括哪些?

6. 什么是保险欺诈?

三、计算题

一投保商业三者险(限额为 500000 元)和交强险的车辆与另一辆车发生交通事故，在事故中两车负同等责任。此次事故第三者损失共计 922000 元，其中财产损失为 100000 元，医疗费用为 12000 元，死亡伤残费用为 810000 元。计算商业三者险赔偿金额。

附录 1

中华人民共和国保险法

（1995 年 6 月 30 日第八届全国人民代表大会常务委员会第十四次会议通过　根据 2002 年 10 月 28 日第九届全国人民代表大会常务委员会第三十次会议《关于修改〈中华人民共和国保险法〉的决定》第一次修正　2009 年 2 月 28 日第十一届全国人民代表大会常务委员会第七次会议修订　根据 2014 年 8 月 31 日第十二届全国人民代表大会常务委员会第十次会议《关于修改〈中华人民共和国保险法〉等五部法律的决定》第二次修正　根据 2015 年 4 月 24 日第十二届全国人民代表大会常务委员会第十四次会议《关于修改〈中华人民共和国计量法〉等五部法律的决定》第三次修正。）

第一章　总则

第一条　为了规范保险活动，保护保险活动当事人的合法权益，加强对保险业的监督管理，维护社会经济秩序和社会公共利益，促进保险事业的健康发展，制定本法。

第二条　本法所称保险，是指投保人根据合同约定，向保险人支付保险费，保险人对于合同约定的可能发生的事故因其发生所造成的财产损失承担赔偿保险金责任，或者当被保险人死亡、伤残、疾病或者达到合同约定的年龄、期限等条件时承担给付保险金责任的商业保险行为。

第三条　在中华人民共和国境内从事保险活动，适用本法。

第四条　从事保险活动必须遵守法律、行政法规，尊重社会公德，不得损害社会公共利益。

第五条　保险活动当事人行使权利、履行义务应当遵循诚实信用原则。

第六条　保险业务由依照本法设立的保险公司以及法律、行政法规规定的其他保险组织经营，其他单位和个人不得经营保险业务。

第七条　在中华人民共和国境内的法人和其他组织需要办理境内保险的，应当向中华人民共和国境内的保险公司投保。

第八条　保险业和银行业、证券业、信托业实行分业经营、分业管理，保险公司与银行、证券、信托业务机构分别设立。国家另有规定的除外。

第九条　国务院保险监督管理机构依法对保险业实施监督管理。

国务院保险监督管理机构根据履行职责的需要设立派出机构。派出机构按照国务院保险监督管理机构的授权履行监督管理职责。

第二章　保险合同

第一节　一般规定

第十条　保险合同是投保人与保险人约定保险权利义务关系的协议。

投保人是指与保险人订立保险合同，并按照合同约定负有支付保险费义务的人。

保险人是指与投保人订立保险合同，并按照合同约定承担赔偿或者给付保险金责任的保险公司。

第十一条　订立保险合同，应当协商一致，遵循公平原则确定各方的权利和义务。

除法律、行政法规规定必须保险的外，保险合同自愿订立。

第十二条　人身保险的投保人在保险合同订立时，对被保险人应当具有保险利益。

财产保险的被保险人在保险事故发生时，对保险标的应当具有保险利益。

人身保险是以人的寿命和身体为保险标的的保险。

财产保险是以财产及其有关利益为保险标的的保险。

被保险人是指其财产或者人身受保险合同保障，享有保险金请求权的人。投保人可以为被保险人。

保险利益是指投保人或者被保险人对保险标的具有的法律上承认的利益。

第十三条　投保人提出保险要求，经保险人同意承保，保险合同成立。保险人应当及时向投保人签发保险单或者其他保险凭证。

保险单或者其他保险凭证应当载明当事人双方约定的合同内容。当事人也可以约定采用其他书面形式载明合同内容。

依法成立的保险合同，自成立时生效。投保人和保险人可以对合同的效力约定附条件或者附期限。

第十四条　保险合同成立后，投保人按照约定交付保险费，保险人按照约定的时间开始承担保险责任。

第十五条　除本法另有规定或者保险合同另有约定外，保险合同成立后，投保人可以解除合同，保险人不得解除合同。

第十六条　订立保险合同，保险人就保险标的或者被保险人的有关情况提出询问的，投保人应当如实告知。

投保人故意或者因重大过失未履行前款规定的如实告知义务，足以影响保险人决定是否同意承保或者提高保险费率的，保险人有权解除合同。

前款规定的合同解除权，自保险人知道有解除事由之日起，超过三十日不行使而消灭。自合同成立之日起超过二年的，保险人不得解除合同；发生保险事故的，保险人应当承担赔偿或者给付保险金的责任。

投保人故意不履行如实告知义务的，保险人对于合同解除前发生的保险事故，不承担赔偿或者给付保险金的责任，并不退还保险费。

投保人因重大过失未履行如实告知义务，对保险事故的发生有严重影响的，保险人对于合同解除前发生的保险事故，不承担赔偿或者给付保险金的责任，但应当退还保险费。

保险人在合同订立时已经知道投保人未如实告知的情况的，保险人不得解除合同；发生保险事故的，保险人应当承担赔偿或者给付保险金的责任。

保险事故是指保险合同约定的保险责任范围内的事故。

第十七条　订立保险合同，采用保险人提供的格式条款的，保险人向投保人提供的投保单应当附格式条款，保险人应当向投保人说明合同的内容。

对保险合同中免除保险人责任的条款，保险人在订立合同时应当在投保单、保险单或者其他保险凭证上作出足以引起投保人注意的提示，并对该条款的内容以书面或者口头形式向投保人作出明确说明；未作提示或者明确说明的，该条款不产生效力。

第十八条　保险合同应当包括下列事项：

(一)保险人的名称和住所；

(二)投保人、被保险人的姓名或者名称、住所，以及人身保险的受益人的姓名或者名称、住所；

(三)保险标的；

(四)保险责任和责任免除；

(五)保险期间和保险责任开始时间；

(六)保险金额；

(七)保险费以及支付办法；

(八)保险金赔偿或者给付办法；

(九)违约责任和争议处理；

(十)订立合同的年、月、日。

投保人和保险人可以约定与保险有关的其他事项。

受益人是指人身保险合同中由被保险人或者投保人指定的享有保险金请求权的人。投保人、被保险人可以为受益人。

保险金额是指保险人承担赔偿或者给付保险金责任的最高限额。

第十九条　采用保险人提供的格式条款订立的保险合同中的下列条款无效：

(一)免除保险人依法应承担的义务或者加重投保人、被保险人责任的；

(二)排除投保人、被保险人或者受益人依法享有的权利的。

第二十条　投保人和保险人可以协商变更合同内容。

变更保险合同的，应当由保险人在保险单或者其他保险凭证上批注或者附贴批单，或者由投保人和保险人订立变更的书面协议。

第二十一条　投保人、被保险人或者受益人知道保险事故发生后，应当及时通知保险人。故意或者因重大过失未及时通知，致使保险事故的性质、原因、损失程度等难以确定的，保险人对无法确定的部分，不承担赔偿或者给付保险金的责任，但保险人通过其他途径已经及时知道或者应当及时知道保险事故发生的除外。

第二十二条　保险事故发生后，按照保险合同请求保险人赔偿或者给付保险金时，投保人、被保险人或者受益人应当向保险人提供其所能提供的与确认保险事故的性质、原因、损失程度等有关的证明和资料。

保险人按照合同的约定，认为有关的证明和资料不完整的，应当及时一次性通知投保人、被保险人或者受益人补充提供。

第二十三条　保险人收到被保险人或者受益人的赔偿或者给付保险金的请求后，应当及时作出核定；情形复杂的，应当在三十日内作出核定，但合同另有约定的除外。保险人应当将核定结果通知被保险人或者受益人；对属于保险责任的，在与被保险人或者受益人达成赔偿或者给付保险金的协议后十日内，履行赔偿或者给付保险金义务。保险合同对赔偿或者给付保险金的期限有约定的，保险人应当按照约定履行赔偿或者给付保险金义务。

保险人未及时履行前款规定义务的，除支付保险金外，应当赔偿被保险人或者受益人因此受到的损失。

任何单位和个人不得非法干预保险人履行赔偿或者给付保险金的义务，也不得限制被保险人或者受益人取得保险金的权利。

第二十四条　保险人依照本法第二十三条的规定作出核定后，对不属于保险责任的，应当自作出核定之日起三日内向被保险人或者受益人发出拒绝赔偿或者拒绝给付保险金通知书，并说明理由。

第二十五条　保险人自收到赔偿或者给付保险金的请求和有关证明、资料之日起六十日内，对其赔偿或者给付保险金的数额不能确定的，应当根据已有证明和资料可以确定的数额先予支付；保险人最终确定赔偿或者给付保险金的数额后，应当支付相应的差额。

第二十六条　人寿保险以外的其他保险的被保险人或者受益人，向保险人请求赔偿或者给付保险金的诉讼时效期间为二年，自其知道或者应当知道保险事故发生之日起计算。

人寿保险的被保险人或者受益人向保险人请求给付保险金的诉讼时效期间为五年，自其知道或者应当知道保险事故发生之日起计算。

第二十七条　未发生保险事故，被保险人或者受益人谎称发生了保险事故，向保险人提出赔偿或者给付保险金请求的，保险人有权解除合同，并不退还保险费。

投保人、被保险人故意制造保险事故的，保险人有权解除合同，不承担赔偿或者给付保险金的责任；除本法第四十三条规定外，不退还保险费。

保险事故发生后，投保人、被保险人或者受益人以伪造、变造的有关证明、资料或者其他证据，编造虚假的事故原因或者夸大损失程度的，保险人对其虚报的部分不承担赔偿或者给付保险金的责任。

投保人、被保险人或者受益人有前三款规定行为之一，致使保险人支付保险金或者支出费用的，应当退回或者赔偿。

第二十八条　保险人将其承担的保险业务，以分保形式部分转移给其他保险人的，为再保险。

应再保险接受人的要求，再保险分出人应当将其自负责任及原保险的有关情况书面告知再保险接受人。

第二十九条　再保险接受人不得向原保险的投保人要求支付保险费。

原保险的被保险人或者受益人不得向再保险接受人提出赔偿或者给付保险金的请求。

再保险分出人不得以再保险接受人未履行再保险责任为由，拒绝履行或者迟延履行其原保险责任。

第三十条　采用保险人提供的格式条款订立的保险合同，保险人与投保人、被保险人或者受益人对合同条款有争议的，应当按照通常理解予以解释。对合同条款有两种以上解释的，人民法院或者仲裁机构应当作出有利于被保险人和受益人的解释。

第二节　人身保险合同

第三十一条　投保人对下列人员具有保险利益：

(一)本人；

(二)配偶、子女、父母；

(三)前项以外与投保人有抚养、赡养或者扶养关系的家庭其他成员、近亲属；

(四)与投保人有劳动关系的劳动者。

除前款规定外，被保险人同意投保人为其订立合同的，视为投保人对被保险人具有保险利益。

订立合同时，投保人对被保险人不具有保险利益的，合同无效。

第三十二条　投保人申报的被保险人年龄不真实，并且其真实年龄不符合合同约定的年龄限制的，保险人可以解除合同，并按照合同约定退还保险单的现金价值。保险人行使合同解除权，适用本法第十六条第三款、第六款的规定。

投保人申报的被保险人年龄不真实，致使投保人支付的保险费少于应付保险费的，保险人有权更正并要求投保人补交保险费，或者在给付保险金时按照实付保险费与应付保险费的比例支付。

投保人申报的被保险人年龄不真实，致使投保人支付的保险费多于应付保险费的，保险人应当将多收的保险费退还投保人。

第三十三条　投保人不得为无民事行为能力人投保以死亡为给付保险金条件的人身保险，保险人也不得承保。

父母为其未成年子女投保的人身保险，不受前款规定限制。但是，因被保险人死亡给付的保险金总和不得超过国务院保险监督管理机构规定的限额。

第三十四条　以死亡为给付保险金条件的合同，未经被保险人同意并认可保险金额的，合同无效。

按照以死亡为给付保险金条件的合同所签发的保险单，未经被保险人书面同意，不得转让或者质押。

父母为其未成年子女投保的人身保险，不受本条第一款规定限制。

第三十五条　投保人可以按照合同约定向保险人一次支付全部保险费或者分期支付保险费。

第三十六条　合同约定分期支付保险费，投保人支付首期保险费后，除合同另有约定外，投保人自保险人催告之日起超过三十日未支付当期保险费，或者超过约定的期限六十日未支付当期保险费的，合同效力中止，或者由保险人按照合同约定的条件减少保险金额。

被保险人在前款规定期限内发生保险事故的，保险人应当按照合同约定给付保险金，但可以扣减欠交的保险费。

第三十七条　合同效力依照本法第三十六条规定中止的，经保险人与投保人协商并达成协议，在投保人补交保险费后，合同效力恢复。但是，自合同效力中止之日起满二年双方未达成协议的，保险人有权解除合同。

保险人依照前款规定解除合同的，应当按照合同约定退还保险单的现金价值。

第三十八条　保险人对人寿保险的保险费，不得用诉讼方式要求投保人支付。

第三十九条　人身保险的受益人由被保险人或者投保人指定。

投保人指定受益人时须经被保险人同意。投保人为与其有劳动关系的劳动者投保人身保险，不得指定被保险人及其近亲属以外的人为受益人。

被保险人为无民事行为能力人或者限制民事行为能力人的，可以由其监护人指定受益人。

第四十条　被保险人或者投保人可以指定一人或者数人为受益人。

受益人为数人的，被保险人或者投保人可以确定受益顺序和受益份额；未确定受益份额的，受益人按照相等份额享有受益权。

第四十一条　被保险人或者投保人可以变更受益人并书面通知保险人。保险人收到变更受益人的书面通知后，应当在保险单或者其他保险凭证上批注或者附贴批单。

投保人变更受益人时须经被保险人同意。

第四十二条　被保险人死亡后，有下列情形之一的，保险金作为被保险人的遗产，由保险人依照《中华人民共和国继承法》的规定履行给付保险金的义务：

(一)没有指定受益人，或者受益人指定不明无法确定的；

(二)受益人先于被保险人死亡，没有其他受益人的；

(三)受益人依法丧失受益权或者放弃受益权，没有其他受益人的。

受益人与被保险人在同一事件中死亡，且不能确定死亡先后顺序的，推定受益人死亡在先。

第四十三条　投保人故意造成被保险人死亡、伤残或者疾病的，保险人不承担给付保险金的责任。投保人已交足二年以上保险费的，保险人应当按照合同约定向其他权利人退还保险单的现金价值。

受益人故意造成被保险人死亡、伤残、疾病的，或者故意杀害被保险人未遂的，该受益人丧失受益权。

第四十四条　以被保险人死亡为给付保险金条件的合同，自合同成立或者合同效力恢复之日起二年内，被保险人自杀的，保险人不承担给付保险金的责任，但被保险人自杀时为无民事行为能力人的除外。

保险人依照前款规定不承担给付保险金责任的，应当按照合同约定退还保险单的现金价值。

第四十五条　因被保险人故意犯罪或者抗拒依法采取的刑事强制措施导致其伤残或者死亡的，保险人不承担给付保险金的责任。投保人已交足二年以上保险费的，保险人应当按照合同约定退还保险单的现金价值。

第四十六条　被保险人因第三者的行为而发生死亡、伤残或者疾病等保险事故的，保险人向被保险人或者受益人给付保险金后，不享有向第三者追偿的权利，但被保险人或者受益人仍有权向第三者请求赔偿。

第四十七条　投保人解除合同的，保险人应当自收到解除合同通知之日起三十日内，按照合同约定退还保险单的现金价值。

第三节　财产保险合同

第四十八条　保险事故发生时，被保险人对保险标的不具有保险利益的，不得向保险人请求赔偿保险金。

第四十九条　保险标的转让的，保险标的的受让人承继被保险人的权利和义务。

保险标的转让的，被保险人或者受让人应当及时通知保险人，但货物运输保险合同和另有约定的合同除外。

因保险标的转让导致危险程度显著增加的，保险人自收到前款规定的通知之日起三十日内，可以按照合同约定增加保险费或者解除合同。保险人解除合同的，应当将已收取的保险费，按照合同约定扣除自保险责任开始之日起至合同解除之日止应收的部分后，退还投保人。

被保险人、受让人未履行本条第二款规定的通知义务的，因转让导致保险标的危险程度显著增加而发生的保险事故，保险人不承担赔偿保险金的责任。

第五十条　货物运输保险合同和运输工具航程保险合同，保险责任开始后，合同当事人不得解除合同。

第五十一条　被保险人应当遵守国家有关消防、安全、生产操作、劳动保护等方面的规定，维护保险标的的安全。

保险人可以按照合同约定对保险标的的安全状况进行检查，及时向投保人、被保险人提出消除不安全因素和隐患的书面建议。

投保人、被保险人未按照约定履行其对保险标的的安全应尽责任的，保险人有权要求增加保险费或者解除合同。

保险人为维护保险标的的安全，经被保险人同意，可以采取安全预防措施。

第五十二条　在合同有效期内，保险标的的危险程度显著增加的，被保险人应当按照合同约定及时通知保险人，保险人可以按照合同约定增加保险费或者解除合同。保险人解除合同的，应当将已收取的保险费，按照合同约定扣除自保险责任开始之日起至合同解除之日止应收的部分后，退还投保人。

被保险人未履行前款规定的通知义务的，因保险标的的危险程度显著增加而发生的保险事故，保险人不承担赔偿保险金的责任。

第五十三条　有下列情形之一的，除合同另有约定外，保险人应当降低保险费，并按日计算退还相应的保险费：

(一)据以确定保险费率的有关情况发生变化，保险标的的危险程度明显减少的；

(二)保险标的的保险价值明显减少的。

第五十四条　保险责任开始前，投保人要求解除合同的，应当按照合同约定向保险人支付手续费，保险人应当退还保险费。保险责任开始后，投保人要求解除合同的，保险人应当将已收取的保险费，按照合同约定扣除自保险责任开始之日起至合同解除之日止应收的部分后，退还投保人。

第五十五条　投保人和保险人约定保险标的的保险价值并在合同中载明的，保险标的发生损失时，以约定的保险价值为赔偿计算标准。

投保人和保险人未约定保险标的的保险价值的，保险标的发生损失时，以保险事故发生时保险标的的实际价值为赔偿计算标准。

保险金额不得超过保险价值。超过保险价值的，超过部分无效，保险人应当退还相应的保险费。

保险金额低于保险价值的，除合同另有约定外，保险人按照保险金额与保险价值的比例承担赔偿保险金的责任。

第五十六条　重复保险的投保人应当将重复保险的有关情况通知各保险人。

重复保险的各保险人赔偿保险金的总和不得超过保险价值。除合同另有约定外，各保险人按照其保险金额与保险金额总和的比例承担赔偿保险金的责任。

重复保险的投保人可以就保险金额总和超过保险价值的部分，请求各保险人按比例返还保险费。

重复保险是指投保人对同一保险标的、同一保险利益、同一保险事故分别与两个以上保险人订立保险合同，且保险金额总和超过保险价值的保险。

第五十七条　保险事故发生时，被保险人应当尽力采取必要的措施，防止或者减少损失。

保险事故发生后，被保险人为防止或者减少保险标的的损失所支付的必要的、合理的费用，由保险人承担；保险人所承担的费用数额在保险标的损失赔偿金额以外另行计算，最高不超过保险金额的数额。

第五十八条　保险标的发生部分损失的，自保险人赔偿之日起三十日内，投保人可以解除合同；除合同另有约定外，保险人也可以解除合同，但应当提前十五日通知投保人。

合同解除的，保险人应当将保险标的未受损失部分的保险费，按照合同约定扣除自保险责任开始之日起至合同解除之日止应收的部分后，退还投保人。

第五十九条　保险事故发生后，保险人已支付了全部保险金额，并且保险金额等于保险价值的，受损保险标的的全部权利归于保险人；保险金额低于保险价值的，保险人按照保险金额与保险价值的比例取得受损保险标的的部分权利。

第六十条　因第三者对保险标的的损害而造成保险事故的，保险人自向被保险人赔偿保险金之日起，在赔偿金额范围内代位行使被保险人对第三者请求赔偿的权利。

前款规定的保险事故发生后，被保险人已经从第三者取得损害赔偿的，保险人赔偿保险金时，可以相应扣减被保险人从第三者已取得的赔偿金额。

保险人依照本条第一款规定行使代位请求赔偿的权利，不影响被保险人就未取得赔偿的部分向第三者请求赔偿的权利。

第六十一条　保险事故发生后，保险人未赔偿保险金之前，被保险人放弃对第三者请求赔偿的权利的，保险人不承担赔偿保险金的责任。

保险人向被保险人赔偿保险金后，被保险人未经保险人同意放弃对第三者请求赔偿的权利的，该行为无效。

被保险人故意或者因重大过失致使保险人不能行使代位请求赔偿的权利的，保险人可以扣减或者要求返还相应的保险金。

第六十二条　除被保险人的家庭成员或者其组成人员故意造成本法第六十条第一款规定的保险事故外，保险人不得对被保险人的家庭成员或者其组成人员行使代位请求赔偿的权利。

第六十三条　保险人向第三者行使代位请求赔偿的权利时，被保险人应当向保险人提供必要的文件和所知道的有关情况。

第六十四条　保险人、被保险人为查明和确定保险事故的性质、原因和保险标的的损失程度所支付的必要的、合理的费用，由保险人承担。

第六十五条　保险人对责任保险的被保险人给第三者造成的损害，可以依照法律的规定或者合同的约定，直接向该第三者赔偿保险金。

责任保险的被保险人给第三者造成损害，被保险人对第三者应负的赔偿责任确定的，根据被保险人的请求，保险人应当直接向该第三者赔偿保险金。被保险人怠于请求的，第三者有权就其应获赔偿部分直接向保险人请求赔偿保险金。

责任保险的被保险人给第三者造成损害，被保险人未向该第三者赔偿的，保险人不得向被保险人赔偿保险金。

责任保险是指以被保险人对第三者依法应负的赔偿责任为保险标的的保险。

第六十六条　责任保险的被保险人因给第三者造成损害的保险事故而被提起仲裁或者诉讼的，被保险人支付的仲裁或者诉讼费用以及其他必要的、合理的费用，除合同另有约定外，由保险人承担。

第三章　保险公司

第六十七条　设立保险公司应当经国务院保险监督管理机构批准。

国务院保险监督管理机构审查保险公司的设立申请时，应当考虑保险业的发展和公平竞争的需要。

第六十八条　设立保险公司应当具备下列条件：

(一)主要股东具有持续盈利能力，信誉良好，最近三年内无重大违法违规记录，净资产不低于人民币二亿元；

(二)有符合本法和《中华人民共和国公司法》规定的章程；

(三)有符合本法规定的注册资本；

(四)有具备任职专业知识和业务工作经验的董事、监事和高级管理人员；

(五)有健全的组织机构和管理制度；

(六)有符合要求的营业场所和与经营业务有关的其他设施；

(七)法律、行政法规和国务院保险监督管理机构规定的其他条件。

第六十九条　设立保险公司，其注册资本的最低限额为人民币二亿元。

国务院保险监督管理机构根据保险公司的业务范围、经营规模，可以调整其注册资本的最低限额，但不得低于本条第一款规定的限额。

保险公司的注册资本必须为实缴货币资本。

第七十条　申请设立保险公司，应当向国务院保险监督管理机构提出书面申请，并提交下列材料：

(一)设立申请书，申请书应当载明拟设立的保险公司的名称、注册资本、业务范围等；

(二)可行性研究报告；

(三)筹建方案；

(四)投资人的营业执照或者其他背景资料，经会计师事务所审计的上一年度财务会计报告；

(五)投资人认可的筹备组负责人和拟任董事长、经理名单及本人认可证明；

(六)国务院保险监督管理机构规定的其他材料。

第七十一条　国务院保险监督管理机构应当对设立保险公司的申请进行审查，自受理之日起六个月内作出批准或者不批准筹建的决定，并书面通知申请人。决定不批准的，应当书面说明理由。

第七十二条　申请人应当自收到批准筹建通知之日起一年内完成筹建工作；筹建期间不得从事保险经营活动。

第七十三条　筹建工作完成后，申请人具备本法第六十八条规定的设立条件的，可以向国务院保险监督管理机构提出开业申请。

国务院保险监督管理机构应当自受理开业申请之日起六十日内，作出批准或者不批准开业的决定。决定批准的，颁发经营保险业务许可证；决定不批准的，应当书面通知申请人并说明理由。

第七十四条　保险公司在中华人民共和国境内设立分支机构，应当经保险监督管理机构批准。

保险公司分支机构不具有法人资格，其民事责任由保险公司承担。

第七十五条　保险公司申请设立分支机构，应当向保险监督管理机构提出书面申请，并提交下列材料：

(一)设立申请书；

(二)拟设机构三年业务发展规划和市场分析材料；

(三)拟任高级管理人员的简历及相关证明材料；

(四)国务院保险监督管理机构规定的其他材料。

第七十六条　保险监督管理机构应当对保险公司设立分支机构的申请进行审查，自受理之日起六十日内作出批准或者不批准的决定。决定批准的，颁发分支机构经营保险业务许可证；决定不批准的，应当书面通知申请人并说明理由。

第七十七条　经批准设立的保险公司及其分支机构，凭经营保险业务许可证向工商行政管理机关办理登记，领取营业执照。

第七十八条　保险公司及其分支机构自取得经营保险业务许可证之日起六个月内，无正当理由未向工商行政管理机关办理登记的，其经营保险业务许可证失效。

第七十九条　保险公司在中华人民共和国境外设立子公司、分支机构，应当经国务院保险监督管理机构批准。

第八十条　外国保险机构在中华人民共和国境内设立代表机构，应当经国务院保险监督管理机构批准。代表机构不得从事保险经营活动。

第八十一条　保险公司的董事、监事和高级管理人员，应当品行良好，熟悉与保险相关的法律、行政法规，具有履行职责所需的经营管理能力，并在任职前取得保险监督管理机构核准的任职资格。

保险公司高级管理人员的范围由国务院保险监督管理机构规定。

第八十二条　有《中华人民共和国公司法》第一百四十六条规定的情形或者下列情形之一的，不得担任保险公司的董事、监事、高级管理人员：

(一)因违法行为或者违纪行为被金融监督管理机构取消任职资格的金融机构的董事、监事、高级管理人员，自被取消任职资格之日起未逾五年的；

(二)因违法行为或者违纪行为被吊销执业资格的律师、注册会计师或者资产评估机构、验证机构等机构的专业人员，自被吊销执业资格之日起未逾五年的。

第八十三条　保险公司的董事、监事、高级管理人员执行公司职务时违反法律、行政法规或者公司章程的规定，给公司造成损失的，应当承担赔偿责任。

第八十四条　保险公司有下列情形之一的，应当经保险监督管理机构批准：

(一)变更名称；

(二)变更注册资本；

(三)变更公司或者分支机构的营业场所；

(四)撤销分支机构；

(五)公司分立或者合并；

(六)修改公司章程；

(七)变更出资额占有限责任公司资本总额百分之五以上的股东，或者变更持有股份有限公司股份百分之五以上的股东；

(八)国务院保险监督管理机构规定的其他情形。

第八十五条　保险公司应当聘用专业人员，建立精算报告制度和合规报告制度。

第八十六条　保险公司应当按照保险监督管理机构的规定，报送有关报告、报表、文件和资料。

保险公司的偿付能力报告、财务会计报告、精算报告、合规报告及其他有关报告、报表、文件和资料必须如实记录保险业务事项，不得有虚假记载、误导性陈述和重大遗漏。

第八十七条　保险公司应当按照国务院保险监督管理机构的规定妥善保管业务经营活动的完整账簿、原始凭证和有关资料。

前款规定的账簿、原始凭证和有关资料的保管期限，自保险合同终止之日起计算，保险期间在一年以下的不得少于五年，保险期间超过一年的不得少于十年。

第八十八条　保险公司聘请或者解聘会计师事务所、资产评估机构、资信评级机构等中介服务机构，应当向保险监督管理机构报告；解聘会计师事务所、资产评估机构、资信评级机构等中介服务机构，应当说明理由。

第八十九条　保险公司因分立、合并需要解散，或者股东会、股东大会决议解散，或者公司章程规定的解散事由出现，经国务院保险监督管理机构批准后解散。

经营有人寿保险业务的保险公司，除因分立、合并或者被依法撤销外，不得解散。

保险公司解散，应当依法成立清算组进行清算。

第九十条　保险公司有《中华人民共和国企业破产法》第二条规定情形的，经国务院保险监督管理机构同意，保险公司或者其债权人可以依法向人民法院申请重整、和解或者破产清算；国务院保险监督管理机构也可以依法向人民法院申请对该保险公司进行重整或者破产清算。

第九十一条　破产财产在优先清偿破产费用和共益债务后，按照下列顺序清偿：

(一)所欠职工工资和医疗、伤残补助、抚恤费用，所欠应当划入职工个人账户的基本养老保险、基本医疗保险费用，以及法律、行政法规规定应当支付给职工的补偿金；

(二)赔偿或者给付保险金；

(三)保险公司欠缴的除第(一)项规定以外的社会保险费用和所欠税款；

(四)普通破产债权。

破产财产不足以清偿同一顺序的清偿要求的，按照比例分配。

破产保险公司的董事、监事和高级管理人员的工资，按照该公司职工的平均工资计算。

第九十二条　经营有人寿保险业务的保险公司被依法撤销或者被依法宣告破产的，其持有的人寿保险合同及责任准备金，必须转让给其他经营有人寿保险业务的保险公司；不能同其他保险公司达成转让协议的，由国务院保险监督管理机构指定经营有人寿保险业务的保险公司接受转让。

转让或者由国务院保险监督管理机构指定接受转让前款规定的人寿保险合同及责任准备金的，应当维护被保险人、受益人的合法权益。

第九十三条　保险公司依法终止其业务活动，应当注销其经营保险业务许可证。

第九十四条　保险公司，除本法另有规定外，适用《中华人民共和国公司法》的规定。

第四章　保险经营规则

第九十五条　保险公司的业务范围：

(一)人身保险业务，包括人寿保险、健康保险、意外伤害保险等保险业务；

(二)财产保险业务，包括财产损失保险、责任保险、信用保险、保证保险等保险业务；

(三)国务院保险监督管理机构批准的与保险有关的其他业务。

保险人不得兼营人身保险业务和财产保险业务。但是，经营财产保险业务的保险公司经国务院保险监督管理机构批准，可以经营短期健康保险业务和意外伤害保险业务。

保险公司应当在国务院保险监督管理机构依法批准的业务范围内从事保险经营活动。

第九十六条　经国务院保险监督管理机构批准，保险公司可以经营本法第九十五条规定的保险业务的下列再保险业务：

(一)分出保险；

(二)分入保险。

第九十七条　保险公司应当按照其注册资本总额的百分之二十提取保证金，存入国务院保险监督管理机构指定的银行，除公司清算时用于清偿债务外，不得动用。

第九十八条　保险公司应当根据保障被保险人利益、保证偿付能力的原则，提取各项责任准备金。

保险公司提取和结转责任准备金的具体办法，由国务院保险监督管理机构制定。

第九十九条　保险公司应当依法提取公积金。

第一百条　保险公司应当缴纳保险保障基金。

保险保障基金应当集中管理，并在下列情形下统筹使用：

(一)在保险公司被撤销或者被宣告破产时，向投保人、被保险人或者受益人提供救济；

(二)在保险公司被撤销或者被宣告破产时，向依法接受其人寿保险合同的保险公司提供救济；

(三)国务院规定的其他情形。

保险保障基金筹集、管理和使用的具体办法，由国务院制定。

第一百零一条　保险公司应当具有与其业务规模和风险程度相适应的最低偿付能力。保险公司的认可资产减去认可负债的差额不得低于国务院保险监督管理机构规定的数额；低于规定数额的，应当按照国务院保险监督管理机构的要求采取相应措施达到规定的数额。

第一百零二条　经营财产保险业务的保险公司当年自留保险费，不得超过其实有资本金加公积金总和的四倍。

第一百零三条　保险公司对每一危险单位，即对一次保险事故可能造成的最大损失范围所承担的责任，不得超过其实有资本金加公积金总和的百分之十；超过的部分应当办理再保险。

保险公司对危险单位的划分应当符合国务院保险监督管理机构的规定。

第一百零四条　保险公司对危险单位的划分方法和巨灾风险安排方案，应当报国务院保险监督管理机构备案。

第一百零五条　保险公司应当按照国务院保险监督管理机构的规定办理再保险，并审慎选择再保险接受人。

第一百零六条　保险公司的资金运用必须稳健，遵循安全性原则。

保险公司的资金运用限于下列形式：

(一)银行存款；

(二)买卖债券、股票、证券投资基金份额等有价证券；

(三)投资不动产；

(四)国务院规定的其他资金运用形式。

保险公司资金运用的具体管理办法，由国务院保险监督管理机构依照前两款的规定制定。

第一百零七条　经国务院保险监督管理机构会同国务院证券监督管理机构批准，保险公司可以设立保险资产管理公司。

保险资产管理公司从事证券投资活动，应当遵守《中华人民共和国证券法》等法律、行政法规的规定。

保险资产管理公司的管理办法，由国务院保险监督管理机构会同国务院有关部门制定。

第一百零八条　保险公司应当按照国务院保险监督管理机构的规定，建立对关联交易的管理和信息披露制度。

第一百零九条　保险公司的控股股东、实际控制人、董事、监事、高级管理人员不得利用关联交易损害公司的利益。

第一百一十条　保险公司应当按照国务院保险监督管理机构的规定，真实、准确、完整地披露财务会计报告、风险管理状况、保险产品经营情况等重大事项。

第一百一十一条　保险公司从事保险销售的人员应当品行良好，具有保险销售所需的专业能力。保险销售人员的行为规范和管理办法，由国务院保险监督管理机构规定。

第一百一十二条　保险公司应当建立保险代理人登记管理制度，加强对保险代理人的培训和管理，不得唆使、诱导保险代理人进行违背诚信义务的活动。

第一百一十三条　保险公司及其分支机构应当依法使用经营保险业务许可证，不得转让、出租、出借经营保险业务许可证。

第一百一十四条　保险公司应当按照国务院保险监督管理机构的规定，公平、合理拟订保险条款和保险费率，不得损害投保人、被保险人和受益人的合法权益。

保险公司应当按照合同约定和本法规定，及时履行赔偿或者给付保险金义务。

第一百一十五条　保险公司开展业务，应当遵循公平竞争的原则，不得从事不正当竞争。

第一百一十六条　保险公司及其工作人员在保险业务活动中不得有下列行为：

(一)欺骗投保人、被保险人或者受益人；

(二)对投保人隐瞒与保险合同有关的重要情况；

(三)阻碍投保人履行本法规定的如实告知义务，或者诱导其不履行本法规定的如实告知义务；

(四)给予或者承诺给予投保人、被保险人、受益人保险合同约定以外的保险费回扣或者其他利益；

(五)拒不依法履行保险合同约定的赔偿或者给付保险金义务；

(六)故意编造未曾发生的保险事故、虚构保险合同或者故意夸大已经发生的保险事故的损失程度进行虚假理赔，骗取保险金或者牟取其他不正当利益；

(七)挪用、截留、侵占保险费；

(八)委托未取得合法资格的机构从事保险销售活动；

(九)利用开展保险业务为其他机构或者个人牟取不正当利益；

(十)利用保险代理人、保险经纪人或者保险评估机构，从事以虚构保险中介业务或者编造退保等方式套取费用等违法活动；

(十一)以捏造、散布虚假事实等方式损害竞争对手的商业信誉，或者以其他不正当竞争行为扰乱保险市场秩序；

(十二)泄露在业务活动中知悉的投保人、被保险人的商业秘密；

(十三)违反法律、行政法规和国务院保险监督管理机构规定的其他行为。

第五章　保险代理人和保险经纪人

第一百一十七条　保险代理人是根据保险人的委托，向保险人收取佣金，并在保险人授权的范围内代为办理保险业务的机构或者个人。

保险代理机构包括专门从事保险代理业务的保险专业代理机构和兼营保险代理业务的保险兼业代理机构。

第一百一十八条　保险经纪人是基于投保人的利益，为投保人与保险人订立保险合同提供中介服务，并依法收取佣金的机构。

第一百一十九条　保险代理机构、保险经纪人应当具备国务院保险监督管理机构规定的条件，取得保险监督管理机构颁发的经营保险代理业务许可证、保险经纪业务许可证。

第一百二十条　以公司形式设立保险专业代理机构、保险经纪人，其注册资本最低限额适用《中华人民共和国公司法》的规定。

国务院保险监督管理机构根据保险专业代理机构、保险经纪人的业务范围和经营规模，可以调整其注册资本的最低限额，但不得低于《中华人民共和国公司法》规定的限额。

保险专业代理机构、保险经纪人的注册资本或者出资额必须为实缴货币资本。

第一百二十一条　保险专业代理机构、保险经纪人的高级管理人员，应当品行良好，熟悉保险法律、行政法规，具有履行职责所需的经营管理能力，并在任职前取得保险监督管理机构核准的任职资格。

第一百二十二条　个人保险代理人、保险代理机构的代理从业人员、保险经纪人的经纪从业人员，应当品行良好，具有从事保险代理业务或者保险经纪业务所需的专业能力。

第一百二十三条　保险代理机构、保险经纪人应当有自己的经营场所，设立专门账簿记载保险代理业务、经纪业务的收支情况。

第一百二十四条　保险代理机构、保险经纪人应当按照国务院保险监督管理机构的规定缴存保证金或者投保职业责任保险。

第一百二十五条　个人保险代理人在代为办理人寿保险业务时，不得同时接受两个以上保险人的委托。

第一百二十六条　保险人委托保险代理人代为办理保险业务，应当与保险代理人签订委托代理协议，依法约定双方的权利和义务。

第一百二十七条　保险代理人根据保险人的授权代为办理保险业务的行为，由保险人承担责任。

保险代理人没有代理权、超越代理权或者代理权终止后以保险人名义订立合同，使投保人有理由相信其有代理权的，该代理行为有效。保险人可以依法追究越权的保险代理人的责任。

第一百二十八条　保险经纪人因过错给投保人、被保险人造成损失的，依法承担赔偿责任。

第一百二十九条　保险活动当事人可以委托保险公估机构等依法设立的独立评估机构或者具有相关专业知识的人员，对保险事故进行评估和鉴定。

接受委托对保险事故进行评估和鉴定的机构和人员，应当依法、独立、客观、公正地进行评估和鉴定，任何单位和个人不得干涉。

前款规定的机构和人员，因故意或者过失给保险人或者被保险人造成损失的，依法承担赔偿责任。

第一百三十条　保险佣金只限于向保险代理人、保险经纪人支付，不得向其他人支付。

第一百三十一条　保险代理人、保险经纪人及其从业人员在办理保险业务活动中不得有下列行为：

(一)欺骗保险人、投保人、被保险人或者受益人；

(二)隐瞒与保险合同有关的重要情况；

(三)阻碍投保人履行本法规定的如实告知义务，或者诱导其不履行本法规定的如实告知义务；

(四)给予或者承诺给予投保人、被保险人或者受益人保险合同约定以外的利益；

(五)利用行政权力、职务或者职业便利以及其他不正当手段强迫、引诱或者限制投保人订立保险合同；

(六)伪造、擅自变更保险合同，或者为保险合同当事人提供虚假证明材料；

(七)挪用、截留、侵占保险费或者保险金；

(八)利用业务便利为其他机构或者个人牟取不正当利益；

(九)串通投保人、被保险人或者受益人，骗取保险金；

(十)泄露在业务活动中知悉的保险人、投保人、被保险人的商业秘密。

第一百三十二条　本法第八十六条第一款、第一百一十三条的规定，适用于保险代理机构和保险经纪人。

第六章　保险业监督管理

第一百三十三条　保险监督管理机构依照本法和国务院规定的职责，遵循依法、公开、公正的原则，对保险业实施监督管理，维护保险市场秩序，保护投保人、被保险人和受益人的合法权益。

第一百三十四条　国务院保险监督管理机构依照法律、行政法规制定并发布有关保险业监督管理的规章。

第一百三十五条　关系社会公众利益的保险险种、依法实行强制保险的险种和新开发的人寿保险险种等的保险条款和保险费率，应当报国务院保险监督管理机构批准。国务院保险监督管理机构审批时，应当遵循保护社会公众利益和防止不正当竞争的原则。其他保险险种的保险条款和保险费率，应当报保险监督管理机构备案。

保险条款和保险费率审批、备案的具体办法，由国务院保险监督管理机构依照前款规定制定。

第一百三十六条 保险公司使用的保险条款和保险费率违反法律、行政法规或者国务院保险监督管理机构的有关规定的，由保险监督管理机构责令停止使用，限期修改；情节严重的，可以在一定期限内禁止申报新的保险条款和保险费率。

第一百三十七条 国务院保险监督管理机构应当建立健全保险公司偿付能力监管体系，对保险公司的偿付能力实施监控。

第一百三十八条 对偿付能力不足的保险公司，国务院保险监督管理机构应当将其列为重点监管对象，并可以根据具体情况采取下列措施：

(一)责令增加资本金、办理再保险；

(二)限制业务范围；

(三)限制向股东分红；

(四)限制固定资产购置或者经营费用规模；

(五)限制资金运用的形式、比例；

(六)限制增设分支机构；

(七)责令拍卖不良资产、转让保险业务；

(八)限制董事、监事、高级管理人员的薪酬水平；

(九)限制商业性广告；

(十)责令停止接受新业务。

第一百三十九条 保险公司未依照本法规定提取或者结转各项责任准备金，或者未依照本法规定办理再保险，或者严重违反本法关于资金运用的规定的，由保险监督管理机构责令限期改正，并可以责令调整负责人及有关管理人员。

第一百四十条 保险监督管理机构依照本法第一百三十九条的规定作出限期改正的决定后，保险公司逾期未改正的，国务院保险监督管理机构可以决定选派保险专业人员和指定该保险公司的有关人员组成整顿组，对公司进行整顿。

整顿决定应当载明被整顿公司的名称、整顿理由、整顿组成员和整顿期限，并予以公告。

第一百四十一条 整顿组有权监督被整顿保险公司的日常业务。被整顿公司的负责人及有关管理人员应当在整顿组的监督下行使职权。

第一百四十二条 整顿过程中，被整顿保险公司的原有业务继续进行。但是，国务院保险监督管理机构可以责令被整顿公司停止部分原有业务、停止接受新业务，调整资金运用。

第一百四十三条 被整顿保险公司经整顿已纠正其违反本法规定的行为，恢复正常经营状况的，由整顿组提出报告，经国务院保险监督管理机构批准，结束整顿，并由国务院保险监督管理机构予以公告。

第一百四十四条 保险公司有下列情形之一的，国务院保险监督管理机构可以对其实行接管：

(一)公司的偿付能力严重不足的；

(二)违反本法规定，损害社会公共利益，可能严重危及或者已经严重危及公司的偿付能力的。

被接管的保险公司的债权债务关系不因接管而变化。

第一百四十五条　接管组的组成和接管的实施办法，由国务院保险监督管理机构决定，并予以公告。

第一百四十六条　接管期限届满，国务院保险监督管理机构可以决定延长接管期限，但接管期限最长不得超过二年。

第一百四十七条　接管期限届满，被接管的保险公司已恢复正常经营能力的，由国务院保险监督管理机构决定终止接管，并予以公告。

第一百四十八条　被整顿、被接管的保险公司有《中华人民共和国企业破产法》第二条规定情形的，国务院保险监督管理机构可以依法向人民法院申请对该保险公司进行重整或者破产清算。

第一百四十九条　保险公司因违法经营被依法吊销经营保险业务许可证的，或者偿付能力低于国务院保险监督管理机构规定标准，不予撤销将严重危害保险市场秩序、损害公共利益的，由国务院保险监督管理机构予以撤销并公告，依法及时组织清算组进行清算。

第一百五十条　国务院保险监督管理机构有权要求保险公司股东、实际控制人在指定的期限内提供有关信息和资料。

第一百五十一条　保险公司的股东利用关联交易严重损害公司利益，危及公司偿付能力的，由国务院保险监督管理机构责令改正。在按照要求改正前，国务院保险监督管理机构可以限制其股东权利；拒不改正的，可以责令其转让所持的保险公司股权。

第一百五十二条　保险监督管理机构根据履行监督管理职责的需要，可以与保险公司董事、监事和高级管理人员进行监督管理谈话，要求其就公司的业务活动和风险管理的重大事项作出说明。

第一百五十三条　保险公司在整顿、接管、撤销清算期间，或者出现重大风险时，国务院保险监督管理机构可以对该公司直接负责的董事、监事、高级管理人员和其他直接责任人员采取以下措施：

(一)通知出境管理机关依法阻止其出境；

(二)申请司法机关禁止其转移、转让或者以其他方式处分财产，或者在财产上设定其他权利。

第一百五十四条　保险监督管理机构依法履行职责，可以采取下列措施：

(一)对保险公司、保险代理人、保险经纪人、保险资产管理公司、外国保险机构的代表机构进行现场检查；

(二)进入涉嫌违法行为发生场所调查取证；

(三)询问当事人及与被调查事件有关的单位和个人，要求其对与被调查事件有关的事项作出说明；

(四)查阅、复制与被调查事件有关的财产权登记等资料；

(五)查阅、复制保险公司、保险代理人、保险经纪人、保险资产管理公司、外国保险机构的代表机构以及与被调查事件有关的单位和个人的财务会计资料及其他相关文件和资料；对可能被转移、隐匿或者毁损的文件和资料予以封存；

（六）查询涉嫌违法经营的保险公司、保险代理人、保险经纪人、保险资产管理公司、外国保险机构的代表机构以及与涉嫌违法事项有关的单位和个人的银行账户；

（七）对有证据证明已经或者可能转移、隐匿违法资金等涉案财产或者隐匿、伪造、毁损重要证据的，经保险监督管理机构主要负责人批准，申请人民法院予以冻结或者查封。

保险监督管理机构采取前款第（一）项、第（二）项、第（五）项措施的，应当经保险监督管理机构负责人批准；采取第（六）项措施的，应当经国务院保险监督管理机构负责人批准。

保险监督管理机构依法进行监督检查或者调查，其监督检查、调查的人员不得少于二人，并应当出示合法证件和监督检查、调查通知书；监督检查、调查的人员少于二人或者未出示合法证件和监督检查、调查通知书的，被检查、调查的单位和个人有权拒绝。

第一百五十五条　保险监督管理机构依法履行职责，被检查、调查的单位和个人应当配合。

第一百五十六条　保险监督管理机构工作人员应当忠于职守，依法办事，公正廉洁，不得利用职务便利牟取不正当利益，不得泄露所知悉的有关单位和个人的商业秘密。

第一百五十七条　国务院保险监督管理机构应当与中国人民银行、国务院其他金融监督管理机构建立监督管理信息共享机制。

保险监督管理机构依法履行职责，进行监督检查、调查时，有关部门应当予以配合。

第七章　法律责任

第一百五十八条　违反本法规定，擅自设立保险公司、保险资产管理公司或者非法经营商业保险业务的，由保险监督管理机构予以取缔，没收违法所得，并处违法所得一倍以上五倍以下的罚款；没有违法所得或者违法所得不足二十万元的，处二十万元以上一百万元以下的罚款。

第一百五十九条　违反本法规定，擅自设立保险专业代理机构、保险经纪人，或者未取得经营保险代理业务许可证、保险经纪业务许可证从事保险代理业务、保险经纪业务的，由保险监督管理机构予以取缔，没收违法所得，并处违法所得一倍以上五倍以下的罚款；没有违法所得或者违法所得不足五万元的，处五万元以上三十万元以下的罚款。

第一百六十条　保险公司违反本法规定，超出批准的业务范围经营的，由保险监督管理机构责令限期改正，没收违法所得，并处违法所得一倍以上五倍以下的罚款；没有违法所得或者违法所得不足十万元的，处十万元以上五十万元以下的罚款。逾期不改正或者造成严重后果的，责令停业整顿或者吊销业务许可证。

第一百六十一条　保险公司有本法第一百一十六条规定行为之一的，由保险监督管理机构责令改正，处五万元以上三十万元以下的罚款；情节严重的，限制其业务范围、责令停止接受新业务或者吊销业务许可证。

第一百六十二条　保险公司违反本法第八十四条规定的，由保险监督管理机构责令改正，处一万元以上十万元以下的罚款。

第一百六十三条　保险公司违反本法规定，有下列行为之一的，由保险监督管理机构责令改正，处五万元以上三十万元以下的罚款：

(一)超额承保，情节严重的；

(二)为无民事行为能力人承保以死亡为给付保险金条件的保险的。

第一百六十四条　违反本法规定，有下列行为之一的，由保险监督管理机构责令改正，处五万元以上三十万元以下的罚款；情节严重的，可以限制其业务范围、责令停止接受新业务或者吊销业务许可证：

(一)未按照规定提存保证金或者违反规定动用保证金的；

(二)未按照规定提取或者结转各项责任准备金的；

(三)未按照规定缴纳保险保障基金或者提取公积金的；

(四)未按照规定办理再保险的；

(五)未按照规定运用保险公司资金的；

(六)未经批准设立分支机构的；

(七)未按照规定申请批准保险条款、保险费率的。

第一百六十五条　保险代理机构、保险经纪人有本法第一百三十一条规定行为之一的，由保险监督管理机构责令改正，处五万元以上三十万元以下的罚款；情节严重的，吊销业务许可证。

第一百六十六条　保险代理机构、保险经纪人违反本法规定，有下列行为之一的，由保险监督管理机构责令改正，处二万元以上十万元以下的罚款；情节严重的，责令停业整顿或者吊销业务许可证：

(一)未按照规定缴存保证金或者投保职业责任保险的；

(二)未按照规定设立专门账簿记载业务收支情况的。

第一百六十七条　违反本法规定，聘任不具有任职资格的人员的，由保险监督管理机构责令改正，处二万元以上十万元以下的罚款。

第一百六十八条　违反本法规定，转让、出租、出借业务许可证的，由保险监督管理机构处一万元以上十万元以下的罚款；情节严重的，责令停业整顿或者吊销业务许可证。

第一百六十九条　违反本法规定，有下列行为之一的，由保险监督管理机构责令限期改正；逾期不改正的，处一万元以上十万元以下的罚款：

(一)未按照规定报送或者保管报告、报表、文件、资料的，或者未按照规定提供有关信息、资料的；

(二)未按照规定报送保险条款、保险费率备案的；

(三)未按照规定披露信息的。

第一百七十条　违反本法规定，有下列行为之一的，由保险监督管理机构责令改正，处十万元以上五十万元以下的罚款；情节严重的，可以限制其业务范围、责令停止接受新业务或者吊销业务许可证：

(一)编制或者提供虚假的报告、报表、文件、资料的；

(二)拒绝或者妨碍依法监督检查的；

(三)未按照规定使用经批准或者备案的保险条款、保险费率的。

第一百七十一条　保险公司、保险资产管理公司、保险专业代理机构、保险经纪人违反本法规定的，保险监督管理机构除分别依照本法第一百六十条至第一百七十条的规定对该单位给予处罚外，对其直接负责的主管人员和其他直接责任人员给予警告，并处一万元以上十万元以下的罚款；情节严重的，撤销任职资格。

第一百七十二条　个人保险代理人违反本法规定的，由保险监督管理机构给予警告，可以并处二万元以下的罚款；情节严重的，处二万元以上十万元以下的罚款

第一百七十三条　外国保险机构未经国务院保险监督管理机构批准，擅自在中华人民共和国境内设立代表机构的，由国务院保险监督管理机构予以取缔，处五万元以上三十万元以下的罚款。

外国保险机构在中华人民共和国境内设立的代表机构从事保险经营活动的，由保险监督管理机构责令改正，没收违法所得，并处违法所得一倍以上五倍以下的罚款；没有违法所得或者违法所得不足二十万元的，处二十万元以上一百万元以下的罚款；对其首席代表可以责令撤换；情节严重的，撤销其代表机构。

第一百七十四条　投保人、被保险人或者受益人有下列行为之一，进行保险诈骗活动，尚不构成犯罪的，依法给予行政处罚：

(一)投保人故意虚构保险标的，骗取保险金的；

(二)编造未曾发生的保险事故，或者编造虚假的事故原因或者夸大损失程度，骗取保险金的；

(三)故意造成保险事故，骗取保险金的。

保险事故的鉴定人、评估人、证明人故意提供虚假的证明文件，为投保人、被保险人或者受益人进行保险诈骗提供条件的，依照前款规定给予处罚。

第一百七十五条　违反本法规定，给他人造成损害的，依法承担民事责任。

第一百七十六条　拒绝、阻碍保险监督管理机构及其工作人员依法行使监督检查、调查职权，未使用暴力、威胁方法的，依法给予治安管理处罚。

第一百七十七条　违反法律、行政法规的规定，情节严重的，国务院保险监督管理机构可以禁止有关责任人员一定期限直至终身进入保险业。

第一百七十八条　保险监督管理机构从事监督管理工作的人员有下列情形之一的，依法给予处分：

(一)违反规定批准机构的设立的；

(二)违反规定进行保险条款、保险费率审批的；

(三)违反规定进行现场检查的；

(四)违反规定查询账户或者冻结资金的；

(五)泄露其知悉的有关单位和个人的商业秘密的；

(六)违反规定实施行政处罚的；

(七)滥用职权、玩忽职守的其他行为。

第一百七十九条　违反本法规定，构成犯罪的，依法追究刑事责任。

第八章　附则

第一百八十条　保险公司应当加入保险行业协会。保险代理人、保险经纪人、保险公估机构可以加入保险行业协会。

保险行业协会是保险业的自律性组织，是社会团体法人。

第一百八十一条　保险公司以外的其他依法设立的保险组织经营的商业保险业务，适用本法。

第一百八十二条　海上保险适用《中华人民共和国海商法》的有关规定；《中华人民共和国海商法》未规定的，适用本法的有关规定。

第一百八十三条　中外合资保险公司、外资独资保险公司、外国保险公司分公司适用本法规定；法律、行政法规另有规定的，适用其规定。

第一百八十四条　国家支持发展为农业生产服务的保险事业。农业保险由法律、行政法规另行规定。

强制保险，法律、行政法规另有规定的，适用其规定。

第一百八十五条　本法自 2009 年 10 月 1 日起施行。

附录 2

机动车交通事故责任强制保险条例

(2006 年 3 月 21 日中华人民共和国国务院令第 462 号公布　根据 2012 年 3 月 30 日《国务院关于修改〈机动车交通事故责任强制保险条例〉的决定》第一次修订　根据 2012 年 12 月 17 日《国务院关于修改〈机动车交通事故责任强制保险条例〉的决定》第二次修订　根据 2016 年 2 月 6 日《国务院关于修改部分行政法规的决定》第三次修订　根据 2019 年 3 月 2 日《国务院关于修改部分行政法规的决定》第四次修订)

第一章　总则

第一条　为了保障机动车道路交通事故受害人依法得到赔偿，促进道路交通安全，根据《中华人民共和国道路交通安全法》、《中华人民共和国保险法》，制定本条例。

第二条　在中华人民共和国境内道路上行驶的机动车的所有人或者管理人，应当依照《中华人民共和国道路交通安全法》的规定投保机动车交通事故责任强制保险。

机动车交通事故责任强制保险的投保、赔偿和监督管理，适用本条例。

第三条　本条例所称机动车交通事故责任强制保险，是指由保险公司对被保险机动车发生道路交通事故造成本车人员、被保险人以外的受害人的人身伤亡、财产损失，在责任限额内予以赔偿的强制性责任保险。

第四条　国务院保险监督管理机构依法对保险公司的机动车交通事故责任强制保险业务实施监督管理。

公安机关交通管理部门、农业(农业机械)主管部门(以下统称机动车管理部门)应当依法对机动车参加机动车交通事故责任强制保险的情况实施监督检查。对未参加机动车交通事故责任强制保险的机动车，机动车管理部门不得予以登记，机动车安全技术检验机构不得予以检验。

公安机关交通管理部门及其交通警察在调查处理道路交通安全违法行为和道路交通事故时，应当依法检查机动车交通事故责任强制保险的保险标志。

第二章　投保

第五条　保险公司可以从事机动车交通事故责任强制保险业务。

为了保证机动车交通事故责任强制保险制度的实行，国务院保险监督管理机构有权要求保险公司从事机动车交通事故责任强制保险业务。

除保险公司外，任何单位或者个人不得从事机动车交通事故责任强制保险业务。

第六条　机动车交通事故责任强制保险实行统一的保险条款和基础保险费率。国务院保险监督管理机构按照机动车交通事故责任强制保险业务总体上不盈利不亏损的原则审批保险费率。

国务院保险监督管理机构在审批保险费率时，可以聘请有关专业机构进行评估，可以举行听证会听取公众意见。

第七条　保险公司的机动车交通事故责任强制保险业务，应当与其他保险业务分开管理，单独核算。

国务院保险监督管理机构应当每年对保险公司的机动车交通事故责任强制保险业务情况进行核查，并向社会公布；根据保险公司机动车交通事故责任强制保险业务的总体盈利或者亏损情况，可以要求或者允许保险公司相应调整保险费率。

调整保险费率的幅度较大的，国务院保险监督管理机构应当进行听证。

第八条　被保险机动车没有发生道路交通安全违法行为和道路交通事故的，保险公司应当在下一年度降低其保险费率。在此后的年度内，被保险机动车仍然没有发生道路交通安全违法行为和道路交通事故的，保险公司应当继续降低其保险费率，直至最低标准。被保险机动车发生道路交通安全违法行为或者道路交通事故的，保险公司应当在下一年度提高其保险费率。多次发生道路交通安全违法行为、道路交通事故，或者发生重大道路交通事故的，保险公司应当加大提高其保险费率的幅度。在道路交通事故中被保险人没有过错的，不提高其保险费率。降低或者提高保险费率的标准，由国务院保险监督管理机构会同国务院公安部门制定。

第九条　国务院保险监督管理机构、国务院公安部门、国务院农业主管部门以及其他有关部门应当逐步建立有关机动车交通事故责任强制保险、道路交通安全违法行为和道路交通事故的信息共享机制。

第十条　投保人在投保时应当选择从事机动车交通事故责任强制保险业务的保险公司，被选择的保险公司不得拒绝或者拖延承保。

国务院保险监督管理机构应当将从事机动车交通事故责任强制保险业务的保险公司向社会公示。

第十一条　投保人投保时，应当向保险公司如实告知重要事项。

重要事项包括机动车的种类、厂牌型号、识别代码、牌照号码、使用性质和机动车所有人或者管理人的姓名(名称)、性别、年龄、住所、身份证或者驾驶证号码(组织机构代码)、续保前该机动车发生事故的情况以及国务院保险监督管理机构规定的其他事项。

第十二条　签订机动车交通事故责任强制保险合同时，投保人应当一次支付全部保险费；保险公司应当向投保人签发保险单、保险标志。保险单、保险标志应当注明保险单号码、车牌号码、保险期限、保险公司的名称、地址和理赔电话号码。

被保险人应当在被保险机动车上放置保险标志。

保险标志式样全国统一。保险单、保险标志由国务院保险监督管理机构监制。任何单位或者个人不得伪造、变造或者使用伪造、变造的保险单、保险标志。

第十三条　签订机动车交通事故责任强制保险合同时，投保人不得在保险条款和保险费率之外，向保险公司提出附加其他条件的要求。

签订机动车交通事故责任强制保险合同时，保险公司不得强制投保人订立商业保险合同以及提出附加其他条件的要求。

第十四条　保险公司不得解除机动车交通事故责任强制保险合同；但是，投保人对重要事项未履行如实告知义务的除外。

投保人对重要事项未履行如实告知义务，保险公司解除合同前，应当书面通知投保人，投保人应当自收到通知之日起 5 日内履行如实告知义务；投保人在上述期限内履行如实告知义务的，保险公司不得解除合同。

第十五条　保险公司解除机动车交通事故责任强制保险合同的，应当收回保险单和保险标志，并书面通知机动车管理部门。

第十六条　投保人不得解除机动车交通事故责任强制保险合同，但有下列情形之一的除外：

(一)被保险机动车被依法注销登记的；

(二)被保险机动车办理停驶的；

(三)被保险机动车经公安机关证实丢失的。

第十七条　机动车交通事故责任强制保险合同解除前，保险公司应当按照合同承担保险责任。

合同解除时，保险公司可以收取自保险责任开始之日起至合同解除之日止的保险费，剩余部分的保险费退还投保人。

第十八条　被保险机动车所有权转移的，应当办理机动车交通事故责任强制保险合同变更手续。

第十九条　机动车交通事故责任强制保险合同期满，投保人应当及时续保，并提供上一年度的保险单。

第二十条　机动车交通事故责任强制保险的保险期间为 1 年，但有下列情形之一的，投保人可以投保短期机动车交通事故责任强制保险：

(一)境外机动车临时入境的；

(二)机动车临时上道路行驶的；

(三)机动车距规定的报废期限不足 1 年的；

(四)国务院保险监督管理机构规定的其他情形。

第三章　赔偿

第二十一条　被保险机动车发生道路交通事故造成本车人员、被保险人以外的受害人人身伤亡、财产损失的，由保险公司依法在机动车交通事故责任强制保险责任限额范围内予以赔偿。

道路交通事故的损失是由受害人故意造成的，保险公司不予赔偿。

第二十二条　有下列情形之一的，保险公司在机动车交通事故责任强制保险责任限额范围内垫付抢救费用，并有权向致害人追偿：

(一)驾驶人未取得驾驶资格或者醉酒的；

(二)被保险机动车被盗抢期间肇事的；

(三)被保险人故意制造道路交通事故的。

有前款所列情形之一，发生道路交通事故的，造成受害人的财产损失，保险公司不承担赔偿责任。

第二十三条 机动车交通事故责任强制保险在全国范围内实行统一的责任限额。责任限额分为死亡伤残赔偿限额、医疗费用赔偿限额、财产损失赔偿限额以及被保险人在道路交通事故中无责任的赔偿限额。

机动车交通事故责任强制保险责任限额由国务院保险监督管理机构会同国务院公安部门、国务院卫生主管部门、国务院农业主管部门规定。

第二十四条 国家设立道路交通事故社会救助基金(以下简称救助基金)。有下列情形之一时，道路交通事故中受害人人身伤亡的丧葬费用、部分或者全部抢救费用，由救助基金先行垫付，救助基金管理机构有权向道路交通事故责任人追偿：

(一)抢救费用超过机动车交通事故责任强制保险责任限额的；

(二)肇事机动车未参加机动车交通事故责任强制保险的；

(三)机动车肇事后逃逸的。

第二十五条 救助基金的来源包括：

(一)按照机动车交通事故责任强制保险的保险费的一定比例提取的资金；

(二)对未按照规定投保机动车交通事故责任强制保险的机动车的所有人、管理人的罚款；

(三)救助基金管理机构依法向道路交通事故责任人追偿的资金；

(四)救助基金孳息；

(五)其他资金。

第二十六条 救助基金的具体管理办法，由国务院财政部门会同国务院保险监督管理机构、国务院公安部门、国务院卫生主管部门、国务院农业主管部门制定试行。

第二十七条 被保险机动车发生道路交通事故，被保险人或者受害人通知保险公司的，保险公司应当立即给予答复，告知被保险人或者受害人具体的赔偿程序等有关事项。

第二十八条 被保险机动车发生道路交通事故的，由被保险人向保险公司申请赔偿保险金。保险公司应当自收到赔偿申请之日起 1 日内，书面告知被保险人需要向保险公司提供的与赔偿有关的证明和资料。

第二十九条 保险公司应当自收到被保险人提供的证明和资料之日起 5 日内，对是否属于保险责任作出核定，并将结果通知被保险人；对不属于保险责任的，应当书面说明理由；对属于保险责任的，在与被保险人达成赔偿保险金的协议后 10 日内，赔偿保险金。

第三十条 被保险人与保险公司对赔偿有争议的，可以依法申请仲裁或者向人民法院提起诉讼。

第三十一条 保险公司可以向被保险人赔偿保险金，也可以直接向受害人赔偿保险金。但是，因抢救受伤人员需要保险公司支付或者垫付抢救费用的，保险公司在接到公安机关交通管理部门通知后，经核对应当及时向医疗机构支付或者垫付抢救费用。

因抢救受伤人员需要救助基金管理机构垫付抢救费用的，救助基金管理机构在接到公安机关交通管理部门通知后，经核对应当及时向医疗机构垫付抢救费用。

第三十二条　医疗机构应当参照国务院卫生主管部门组织制定的有关临床诊疗指南，抢救、治疗道路交通事故中的受伤人员。

第三十三条　保险公司赔偿保险金或者垫付抢救费用，救助基金管理机构垫付抢救费用，需要向有关部门、医疗机构核实有关情况的，有关部门、医疗机构应当予以配合。

第三十四条　保险公司、救助基金管理机构的工作人员对当事人的个人隐私应当保密。

第三十五条　道路交通事故损害赔偿项目和标准依照有关法律的规定执行。

第四章　罚则

第三十六条　保险公司以外的单位或者个人，非法从事机动车交通事故责任强制保险业务的，由国务院保险监督管理机构予以取缔；构成犯罪的，依法追究刑事责任；尚不构成犯罪的，由国务院保险监督管理机构没收违法所得，违法所得 20 万元以上的，并处违法所得 1 倍以上 5 倍以下罚款；没有违法所得或者违法所得不足 20 万元的，处 20 万元以上 100 万元以下罚款。

第三十七条　保险公司违反本条例规定，有下列行为之一的，由国务院保险监督管理机构责令改正，处 5 万元以上 30 万元以下罚款；情节严重的，可以限制业务范围、责令停止接受新业务或者吊销经营保险业务许可证：

(一)拒绝或者拖延承保机动车交通事故责任强制保险的；

(二)未按照统一的保险条款和基础保险费率从事机动车交通事故责任强制保险业务的；

(三)未将机动车交通事故责任强制保险业务和其他保险业务分开管理，单独核算的；

(四)强制投保人订立商业保险合同的；

(五)违反规定解除机动车交通事故责任强制保险合同的；

(六)拒不履行约定的赔偿保险金义务的；

(七)未按照规定及时支付或者垫付抢救费用的。

第三十八条　机动车所有人、管理人未按照规定投保机动车交通事故责任强制保险的，由公安机关交通管理部门扣留机动车，通知机动车所有人、管理人依照规定投保，处依照规定投保最低责任限额应缴纳的保险费的 2 倍罚款。

机动车所有人、管理人依照规定补办机动车交通事故责任强制保险的，应当及时退还机动车。

第三十九条　上道路行驶的机动车未放置保险标志的，公安机关交通管理部门应当扣留机动车，通知当事人提供保险标志或者补办相应手续，可以处警告或者 20 元以上 200 元以下罚款。

当事人提供保险标志或者补办相应手续的，应当及时退还机动车。

第四十条　伪造、变造或者使用伪造、变造的保险标志，或者使用其他机动车的保险标志，由公安机关交通管理部门予以收缴，扣留该机动车，处 200 元以上 2000 元以下罚款；构成犯罪的，依法追究刑事责任。

当事人提供相应的合法证明或者补办相应手续的，应当及时退还机动车。

第五章　附则

第四十一条　本条例下列用语的含义：

(一)投保人，是指与保险公司订立机动车交通事故责任强制保险合同，并按照合同负有支付保险费义务的机动车的所有人、管理人。

(二)被保险人，是指投保人及其允许的合法驾驶人。

(三)抢救费用，是指机动车发生道路交通事故导致人员受伤时，医疗机构参照国务院卫生主管部门组织制定的有关临床诊疗指南，对生命体征不平稳和虽然生命体征平稳但如果不采取处理措施会产生生命危险，或者导致残疾、器官功能障碍，或者导致病程明显延长的受伤人员，采取必要的处理措施所发生的医疗费用。

第四十二条　挂车不投保机动车交通事故责任强制保险。发生道路交通事故造成人身伤亡、财产损失的，由牵引车投保的保险公司在机动车交通事故责任强制保险责任限额范围内予以赔偿；不足的部分，由牵引车方和挂车方依照法律规定承担赔偿责任。

第四十三条　机动车在道路以外的地方通行时发生事故，造成人身伤亡、财产损失的赔偿，比照适用本条例。

第四十四条　中国人民解放军和中国人民武装警察部队在编机动车参加机动车交通事故责任强制保险的办法，由中国人民解放军和中国人民武装警察部队另行规定。

第四十五条　机动车所有人、管理人自本条例施行之日起 3 个月内投保机动车交通事故责任强制保险；本条例施行前已经投保商业性机动车第三者责任保险的，保险期满，应当投保机动车交通事故责任强制保险。

第四十六条　本条例自 2006 年 7 月 1 日起施行。

参考文献

[1]常兴华，李文涛．汽车保险定损与理赔[M]．北京：机械工业出版社，2022.
[2]林绪东，蒋玉秀．汽车保险定损与理赔实务[M]．北京：机械工业出版社，2016.
[3]祁翠琴．汽车保险与理赔[M]．3版．北京：机械工业出版社，2016.
[4]张思杨，庞念念，郭晓辉．汽车保险与理赔[M]．长春：吉林大学出版社，2015.
[5]孙祁祥．保险学[M]．5版．北京：北京大学出版社，2013.
[6]付铁军，杨学坤．汽车保险与理赔[M]．3版．北京：北京理工大学出版社，2012.
[7]李津津．汽车保险与理赔[M]．2版．北京：北京交通大学出版社，2011.
[8]陈世飞．汽车保险与理赔[M]．长春：吉林科学技术出版社，2011.